全国银行业专业人员职业资格考试热题库

个人理财（中级）

全国资格认证考试热题库编委会
邵冰　主编

中国纺织出版社
全国百佳出版单位
国家一级出版社

纺织社资格考试系列热题库

全国银行业专业人员职业资格考试热题库
《银行业法律法规与综合能力》（初级）

《银行业法律法规与综合能力》（中级）

《风险管理》（初级）

《风险管理》（中级）

《个人贷款》（初级）

《个人贷款》（中级）

《个人理财》（初级）

《个人理财》（中级）

《公司信贷》（初级）

《公司信贷》（中级）

《银行管理》（初级）

《银行管理》（中级）

全国期货从业人员执业资格考试热题库
《期货法律法规》

《期货基础知识》

《期货投资分析》

全国证券从业人员执业资格考试热题库
《金融市场基础知识》

《证券市场基本法律法规》

全国基金从业人员执业资格考试热题库
《基金法律法规、职业道德与业务规范》

《证券投资基金基础知识》

《私募股权投资基金基础知识》

心理咨询师国家职业资格考试热题库
《心理咨询师》（二级）

《心理咨询师》（三级）

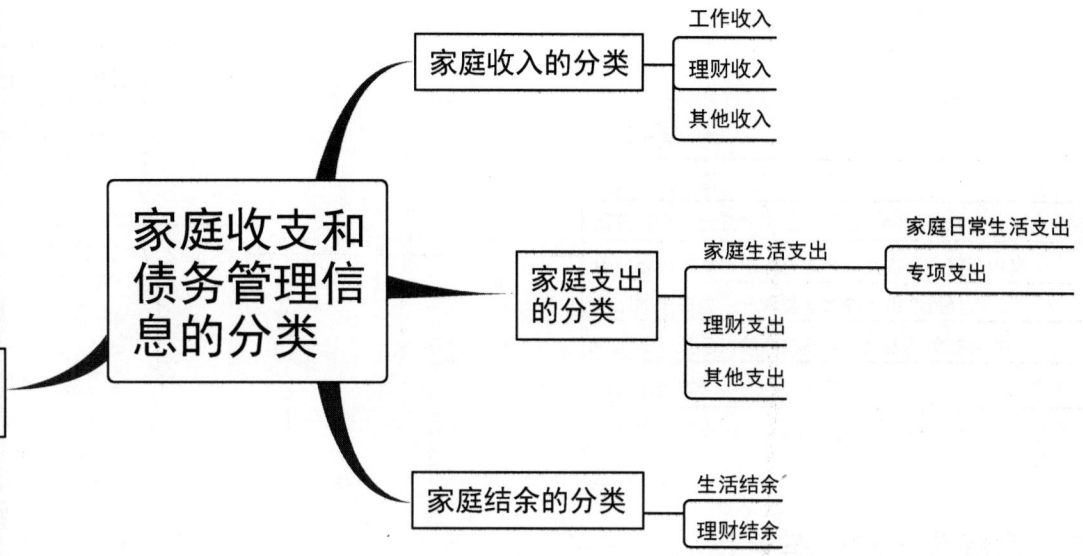

第二节 收入支出表和资产负债表的制作

制作家庭资产负债表的注意事项:
- 需有表格抬头
- 需有截至日期
- 金额和占比分别标明单位"元",或者"万元"和百分比
- 表内金额均为该类资产截至标明日期的市场价值
- 各类资产占比均为该类资产占总资产的比例
- 各类负债占比均为该类负债占总负债的比例
- 净资产总计为总资产减去总负债

第三节 家庭收支和债务管理状况分析

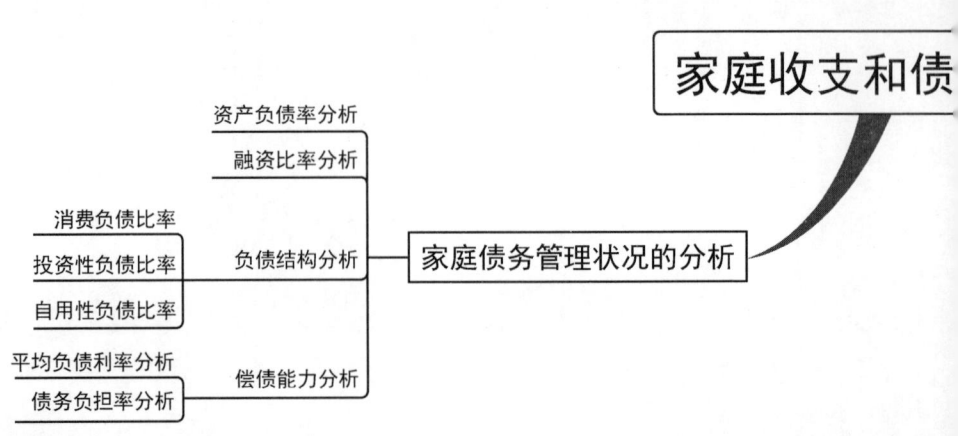

家庭债务管理状况的分析:
- 资产负债率分析
- 融资比率分析
- 负债结构分析
  - 消费负债比率
  - 投资性负债比率
  - 自用性负债比率
- 偿债能力分析
  - 平均负债利率分析
  - 债务负担率分析

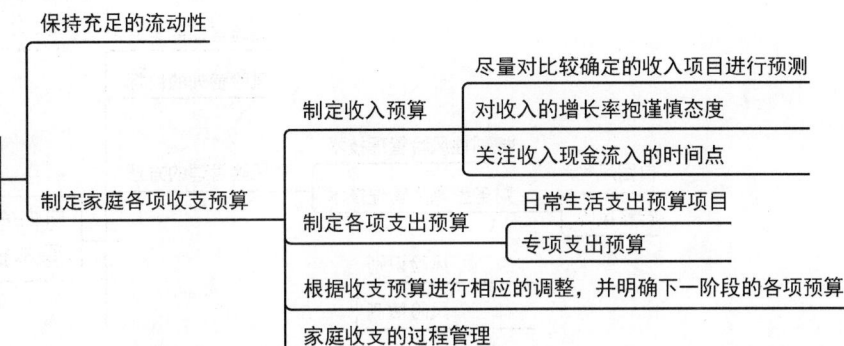

第二章 财富保障与规划

第一节 财富保障概述

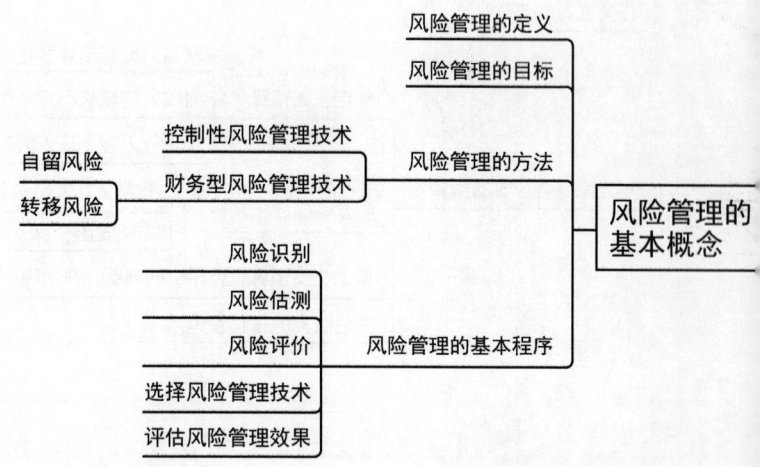

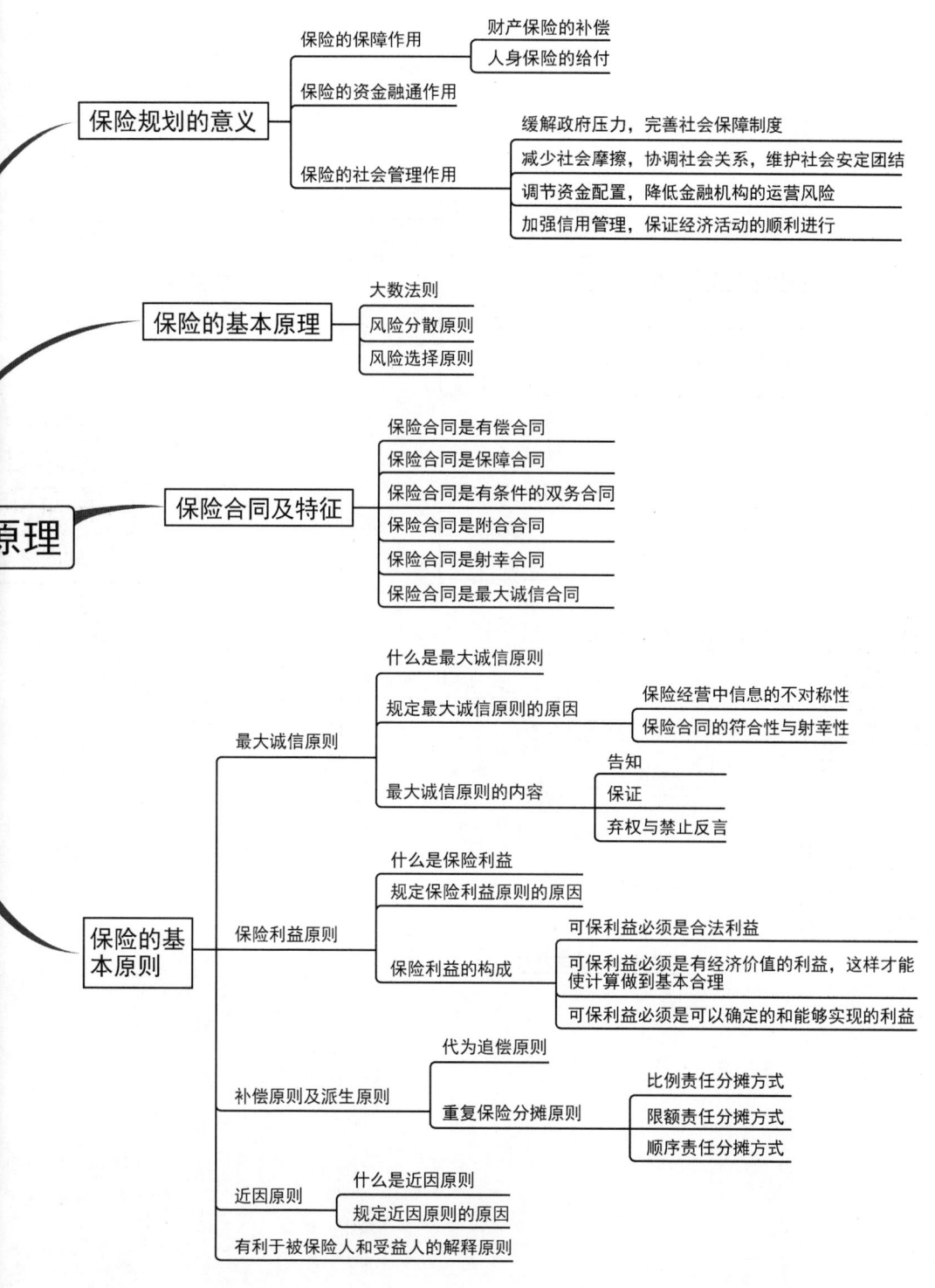

第三节 保险的主要品种

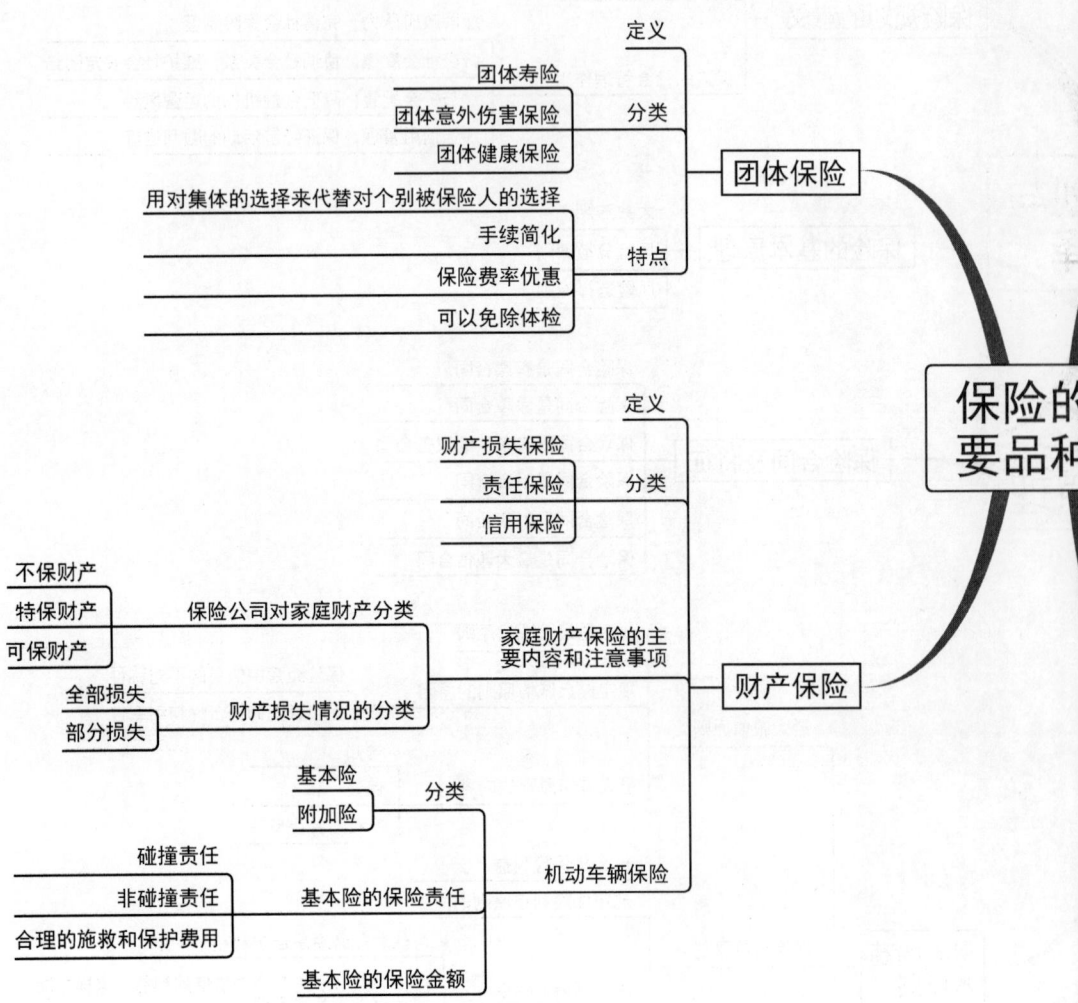

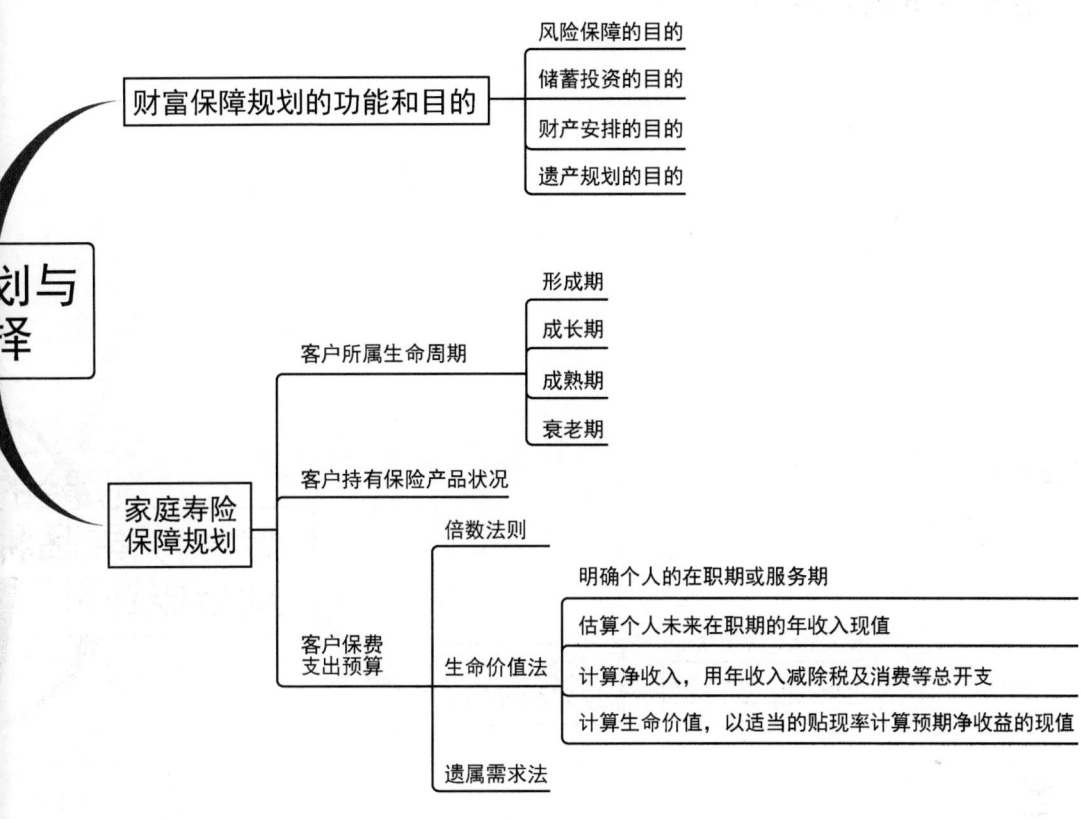

第三章 教育投资规划

第一节 教育投资规划概述

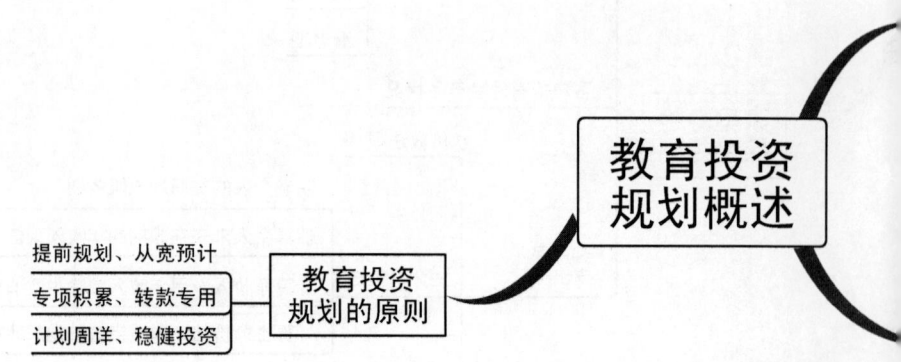

资规划的工具 — 短期教育投资规划工具
- 学生贷款
- 国家助学贷款
- 商业助学贷款
- 出国留学贷款

第三节 教育投资规划的流程及原则

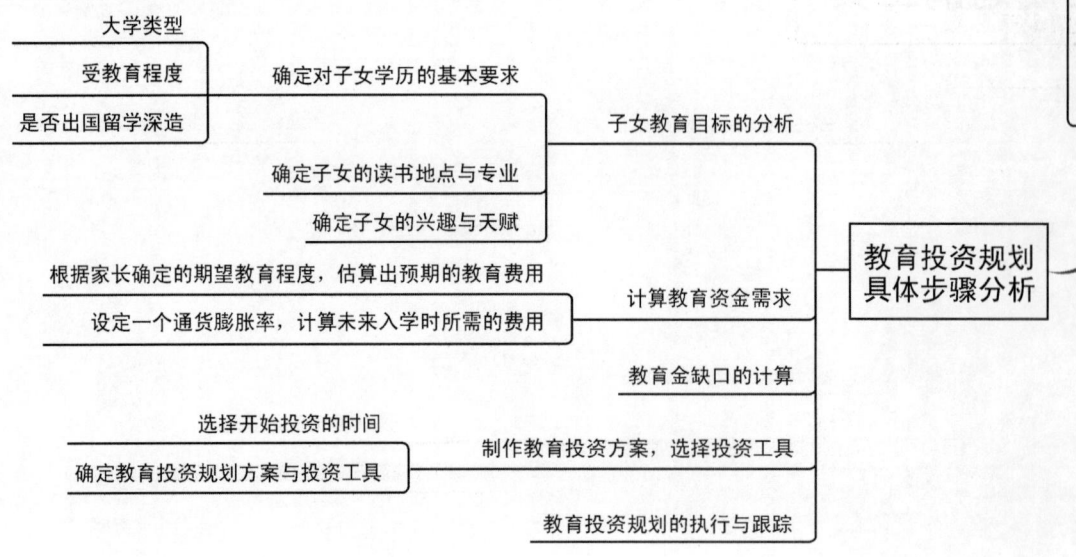

```
留学教    ─┬─ 出国留学的需求现状
育规划    │
          └─ 出国留学考虑    ┬─ 学习的西方先进的科学知识和方法
             的因素         ├─ 增加人生阅历
                            ├─ 多元化的学校与专业选择机会
                            └─ 移民与海外发展的机会
```

第四章 退休养老规划

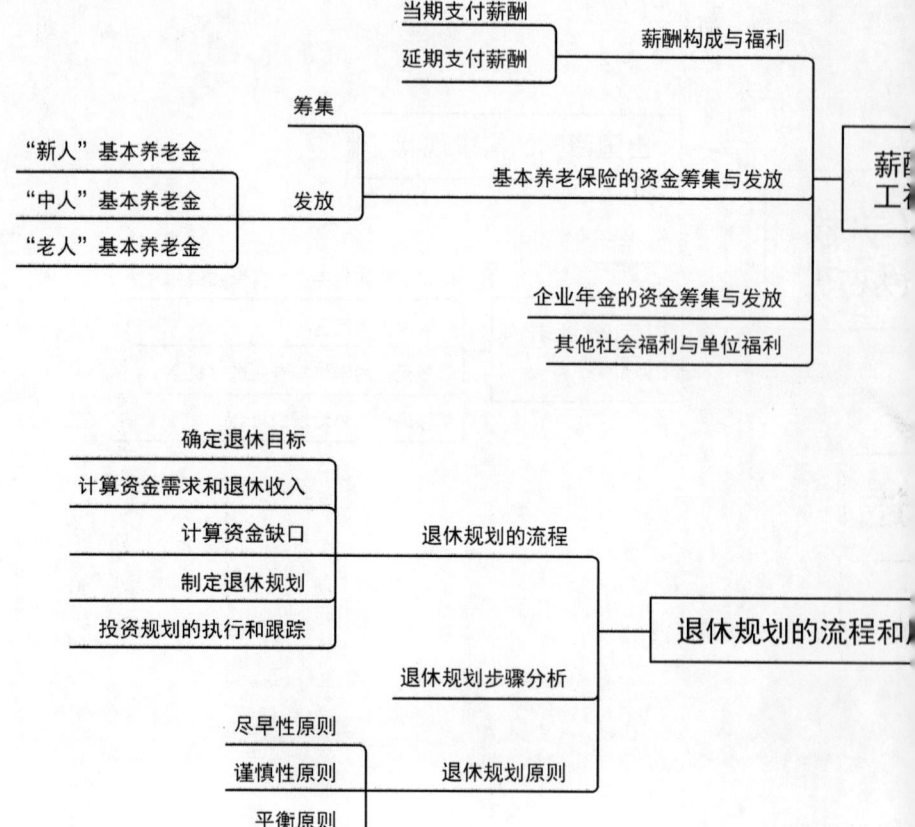

```
                                            ┌── 投资规划本身也是一种理财规划
                        ┌── 投资规划的定义 ──┤
                        │                   └── 投资规划也是实现其他理财规划目标的手段
投资规划相关定义 ───────┼── 投资与投资规划
                        │
                        └── 资产配置与投资组合
```

述

第二节　现代投资组合理论与资产配置

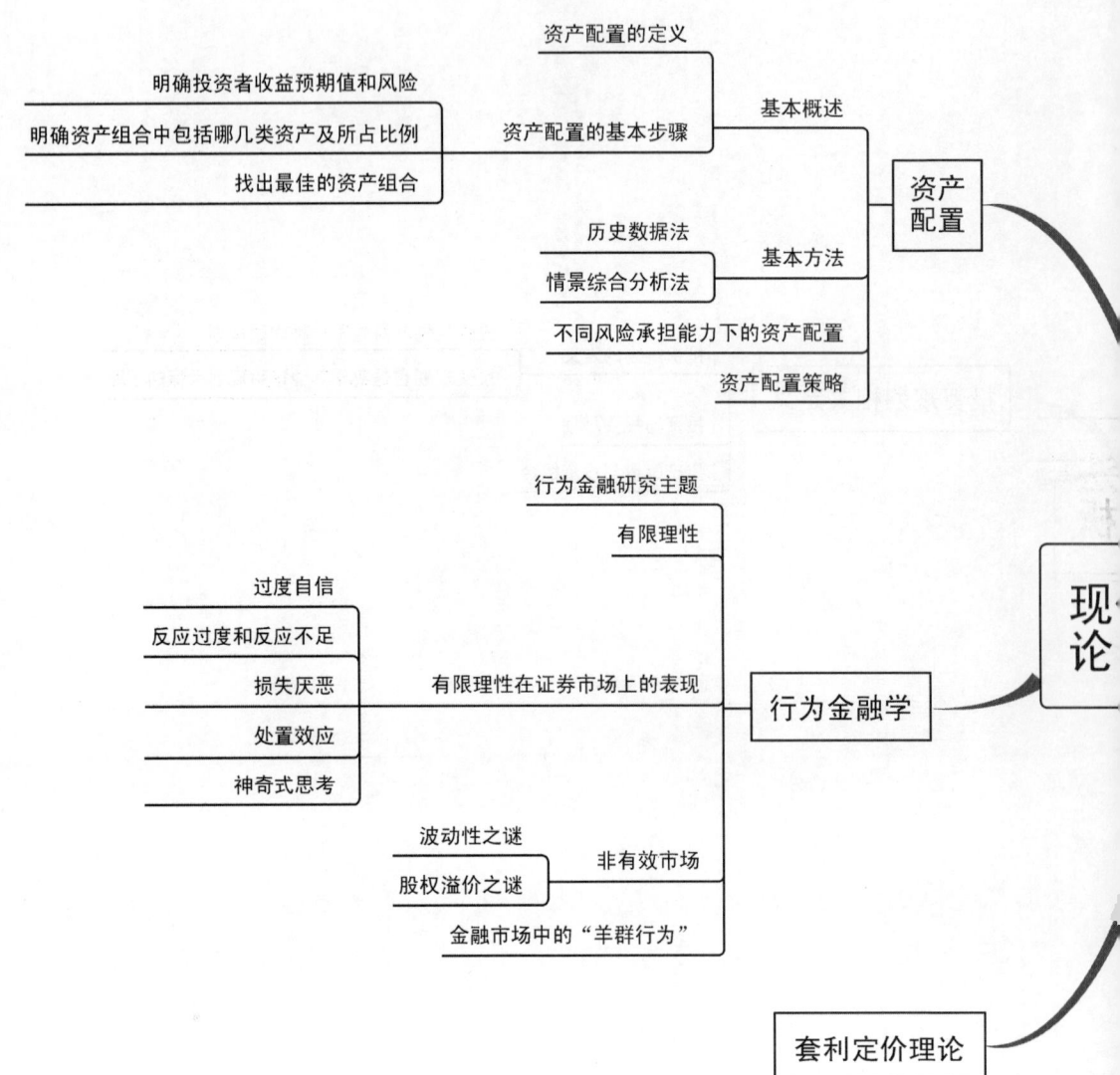

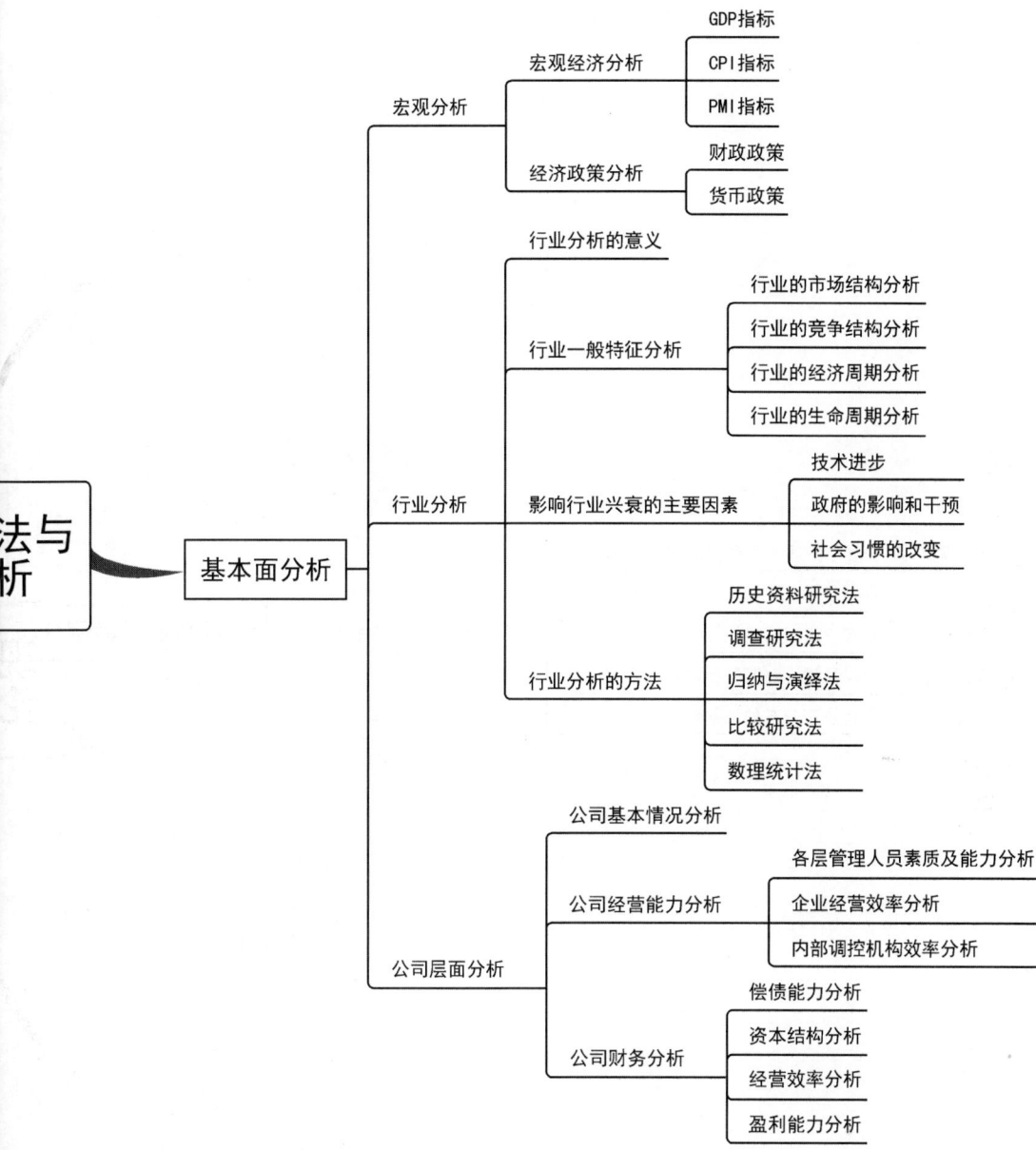

第四节 资产配置应用与投资规划

投资规划的案例分析 — 投资规划方案制定的步骤
- 理财师首先要了解客户的财务状况和理财需求
- 明确客户的理财目标，预期投资收益和风险偏好
- 收集、整理和分析客户目前资金投资分布和收益状况
- 根据其理财目标、预期收益和风险属性，制订新的资产配置组合
- 投资规划方案的执行，包括原有资产分布的调整和后续跟踪评估

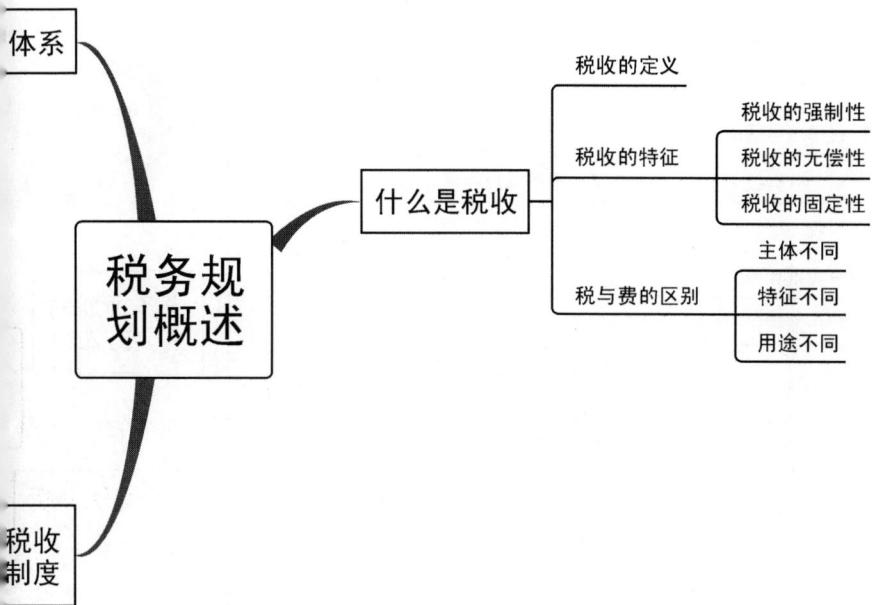

第二节 税务规划基本方法

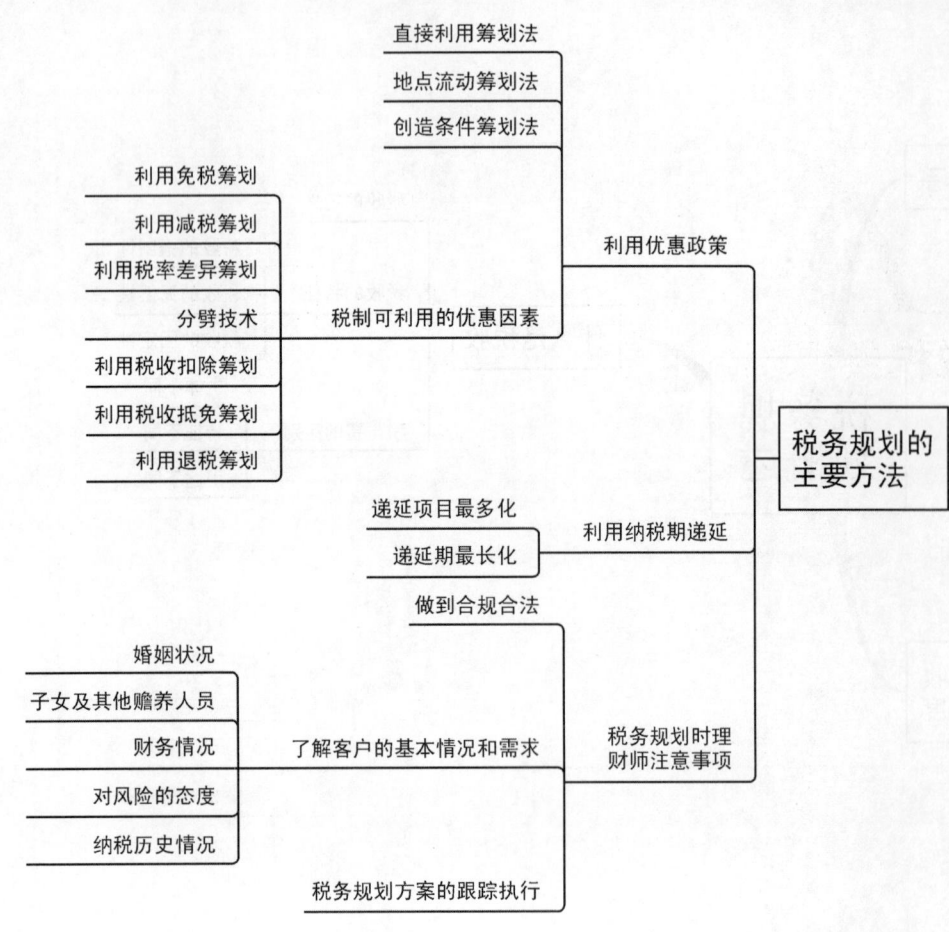

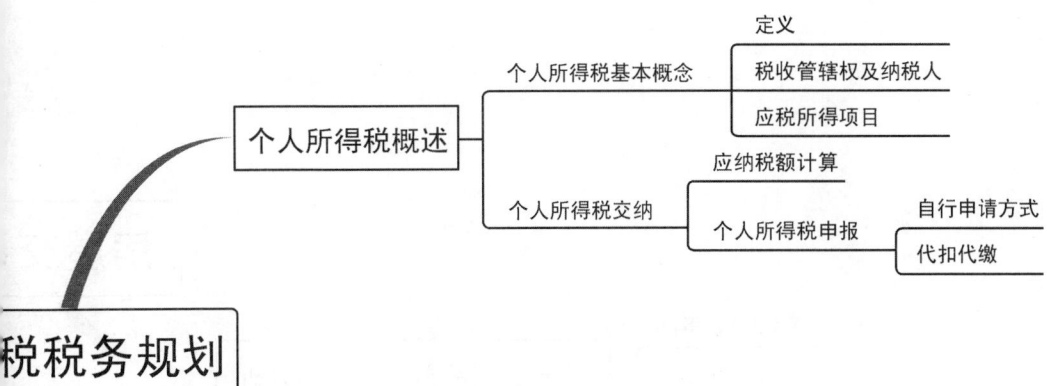

第四节　房屋交易税务规划

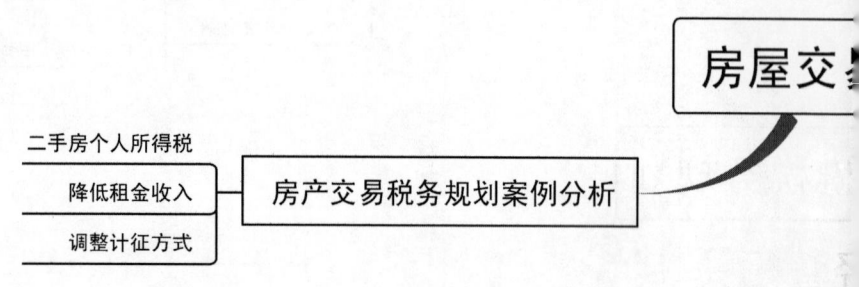

第五节　汽车纳税介绍

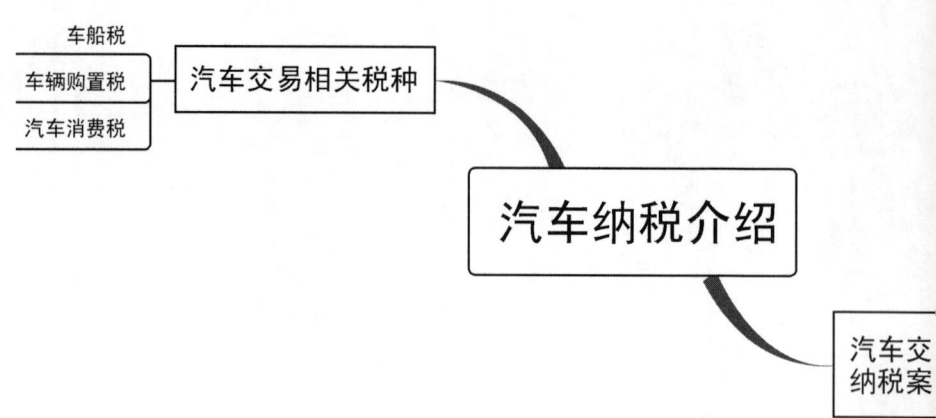

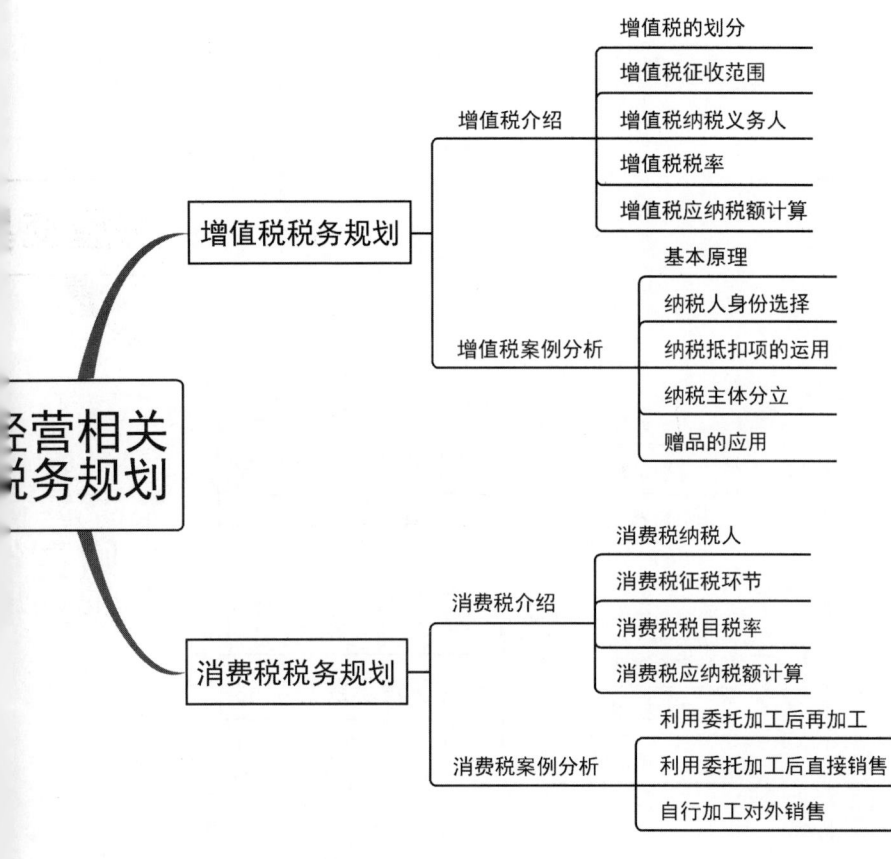

第七章 财富传承规划

第一节 财富传承规划概述

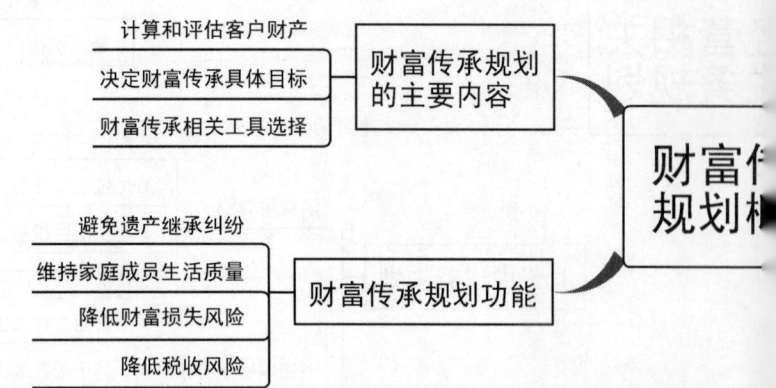

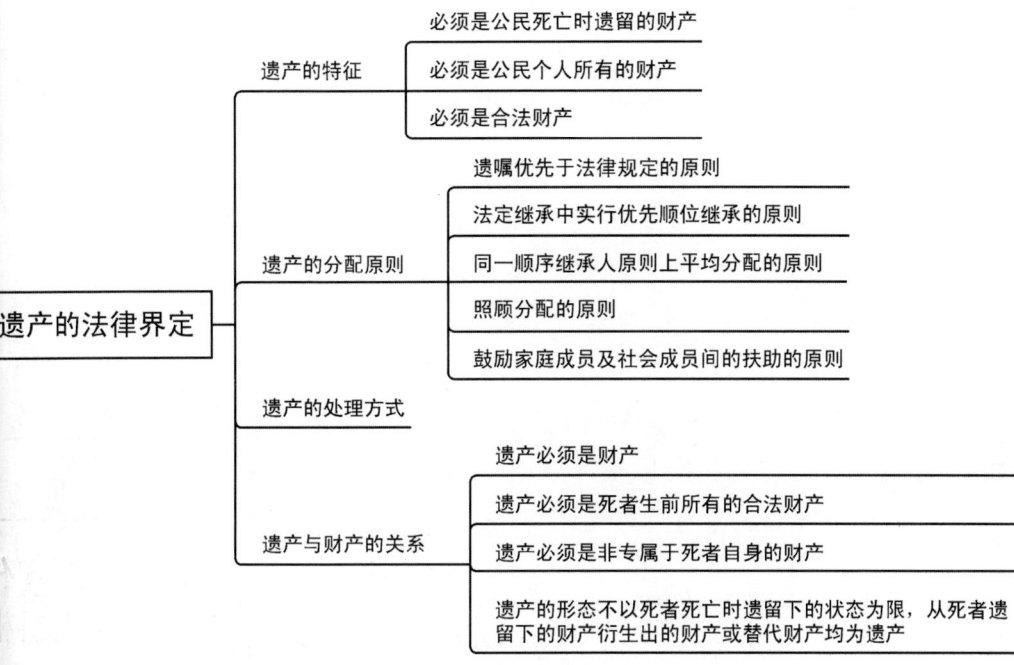

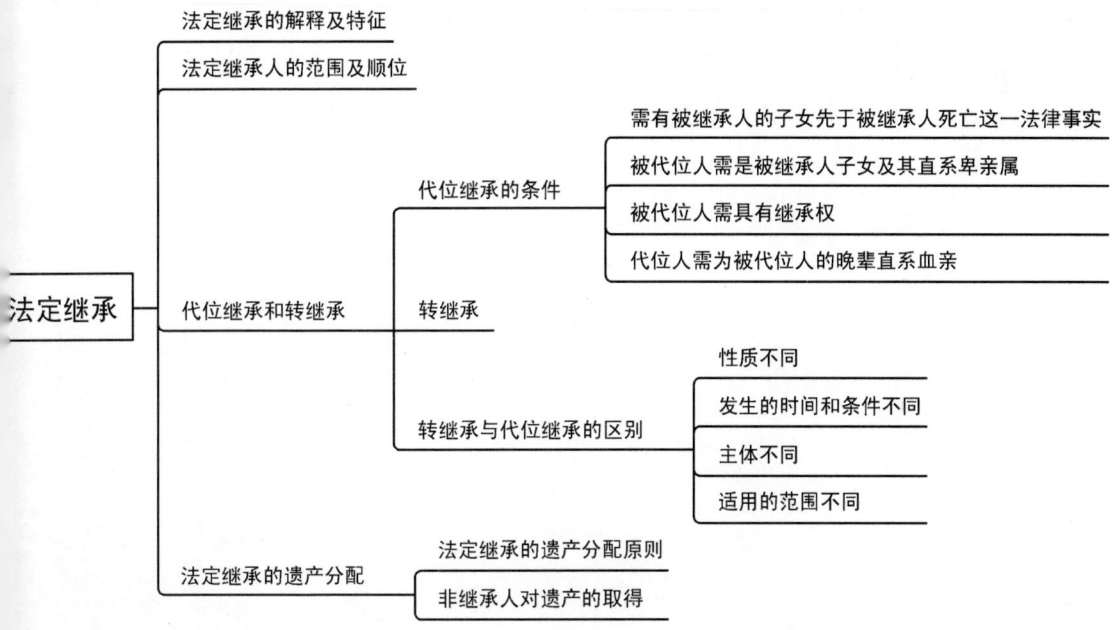

第三节 财富传承之家族信托

- 我国家族信托的发展现状
  - 我国发展家族信托的困境
    - 相关法律及登记制度的缺失
    - 家族信托理念淡漠
    - 缺乏发展动机

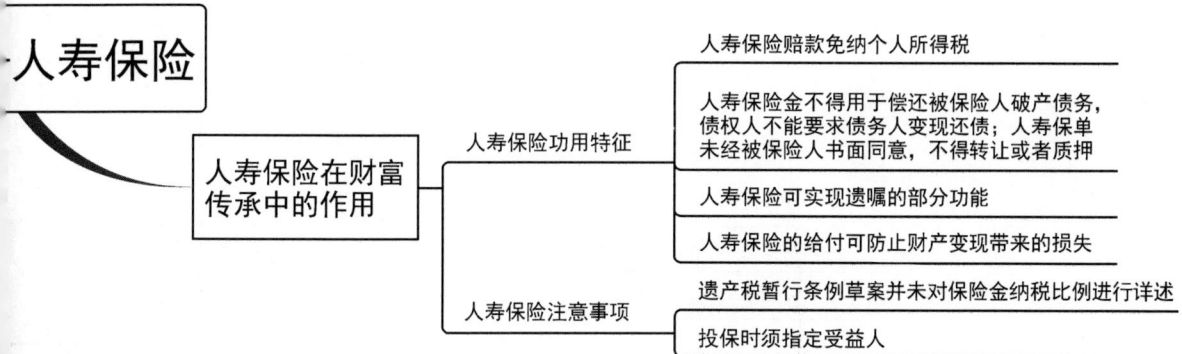

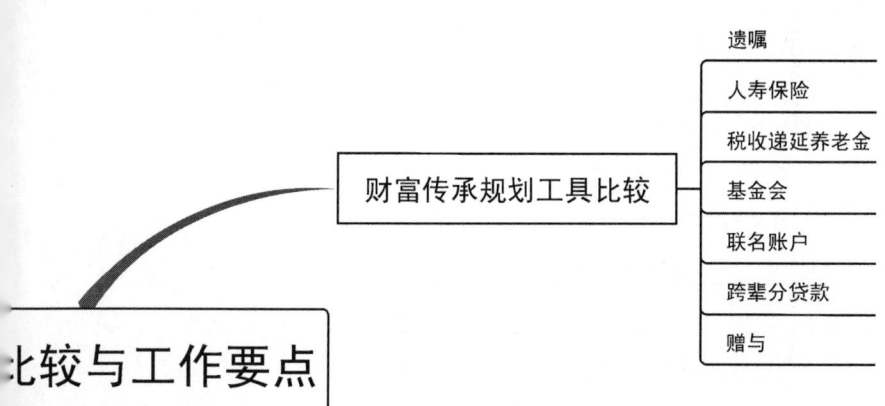

第八章　中小企业主的理财规划

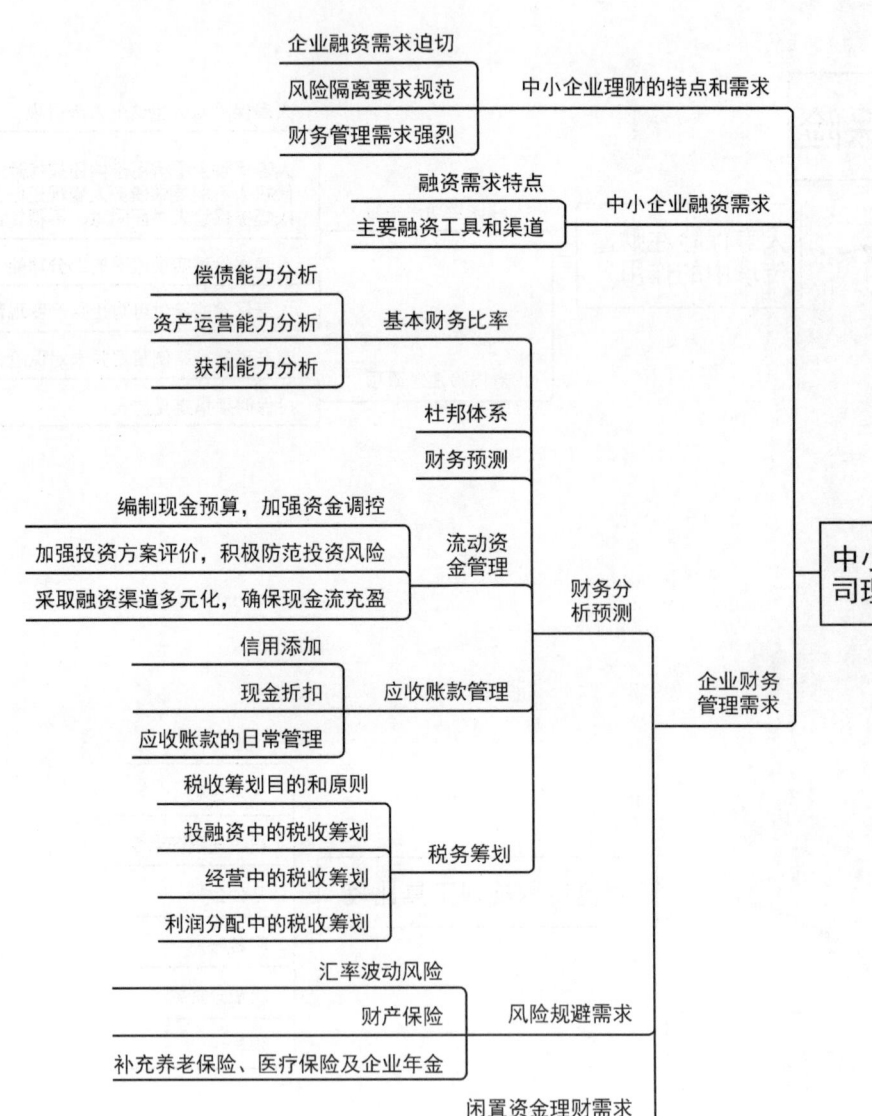

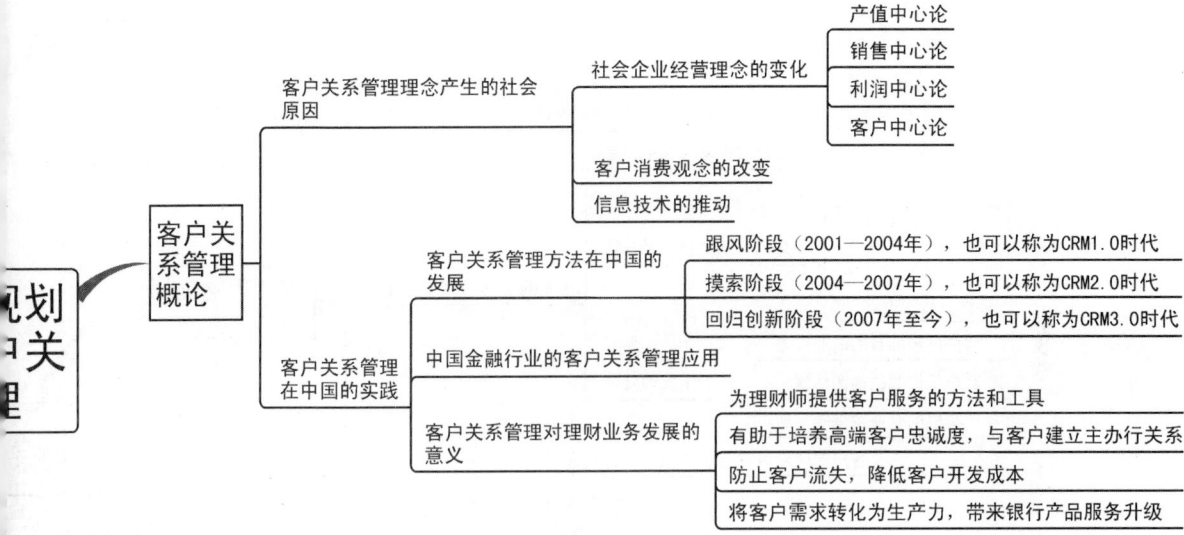

第十章 综合理财规划服务

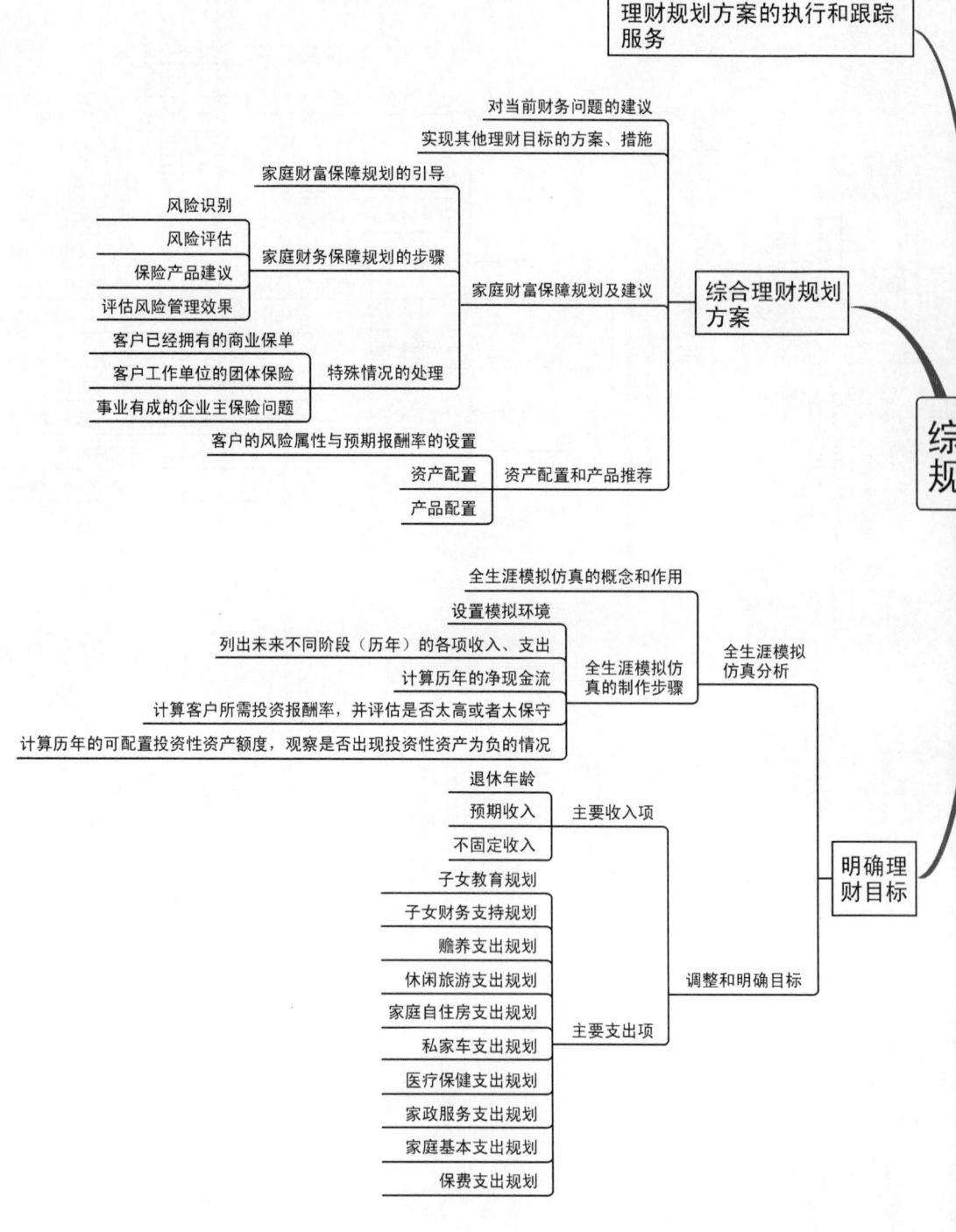

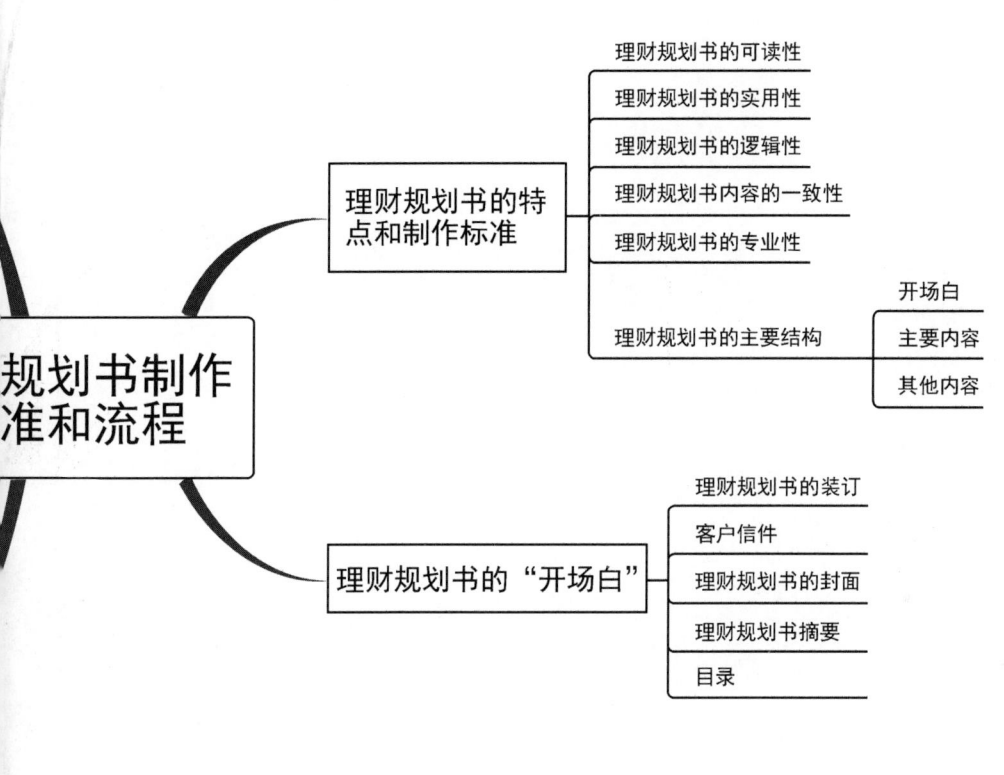

热题库使用说明

热题库设计模型：

　　欢迎大家使用热题库学习软件，这套软件是全国资格认证考试热题库编委会通过十余年的知识沉淀与经验积累而总结出的一套适用万千考生的学习方法。热题库中的考点和试题均由资深专业教师依据最新考试大纲要求进行编写，同时融入了历年考试真题，在保证试题质量及时效性的基础上，通过经典有效的考点挂习题形式对考点知识进行全方位覆盖，帮助考生逐一击破考试重点、难点及易错点，也因此被众多考生喻为"考试神器"。

- ✓ **新题练习**：以最新大纲要求为主线，为考生提供最新最全的应试题目。
- ✓ **热题研习**：通过对错比率来划分热度，热度越高，题目越精。
- ✓ **熟题重温**：重温做过的题目，加深对知识点的理解与应用。
- ✓ **错题重做**：对做错的题目重新作答，找到薄弱环节，逐个击破。
- ✓ **机编模拟**：按命题思路进行组卷，通过自测，把握考试重点，主攻薄弱环节。
- ✓ **典型试卷**：全国资格认证考试热题库编委会精心编排，囊括重点难点，保质保量。

纺织社热题库

1

· **主页面**
热题库主页面上部分为考试科目名称、考生信息及考生学习情况，具体包括：考生头像、微信昵称、积分、新题总数、错题总数、熟题总数、勤奋/排名。
热题库主页面下部分为六大经典模块，分别是：新题练习、热题研习、熟题重温、错题重做、机编模拟、典型试卷。其中，新题练习、熟题重温、机编模拟为免费模块，热题研习、错题重做、典型试卷为收费模块。

积分：用你的积分可换取试题提问机会。

新题：提醒你，你还有多少道试题未做。

头像：点击头像，进入个人中心，查看你的资考信息。

错题：警告你，你已经做错这些数量的试题。

熟题：恭喜你，你成功答对这些数量的试题。

勤奋/排名：查看你在热题库中的江湖排名。

新题中的题目按章节分类，点击章进入节列表，点击节进入考点列表，点击考点进入考点学习，此模块考生可免费使用；
考点中记录详细考点内容及解析，同时记录考点学习人数，点击章、节、考点右侧按钮直接进入答题页面；
考生选择选项后点击"上一题"、"下一题"默认提交答案；点击"查看答案"选项后，将不可再次更改答案；没有选择答案却点击"查看答案"选项后，本题按做错处理；
点击查看答案后，详细展示本题正确答案，正确率，考生选择，易错选项，被答次数。

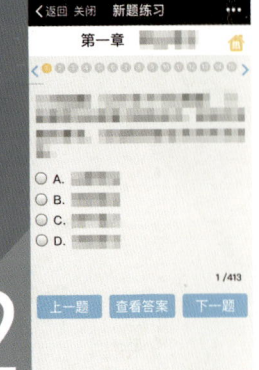

2

· **考点**：点击考点进入考点详情页面进行学习，并记录考点学习人数。
　· **我要提问**：考生在答题过程中遇到疑难问题可以使用"我要提问"进行悬赏积分提问
　· **反馈**：考生对有疑问的题目进行错误反馈，老师会在第一时间对题目进行校验。
　· **笔记**：在学习过程中记录重点难点题目，方便日后学习。

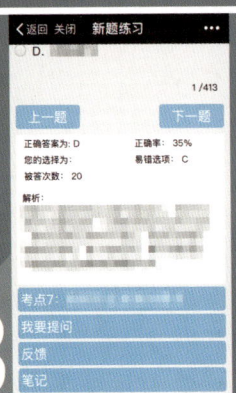

3

· **熟题重温**
在其他模块中做对的题目都会进入"熟题重温"中，帮助考生分出已经掌握的题目，节省复习时间。

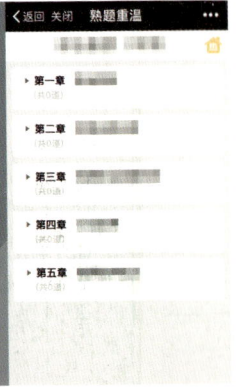

4

·机编模拟
分为易、中、难三个梯度，考生可以结合自身对知识点掌握的熟练程度自主选择。易，模拟试卷的题目源于"熟题重温"；中，模拟试卷的题目源于"热题研习"；难，模拟试卷的题目源于"错题重做"，所有试卷都是随机生成。此模块可以帮助考生快速查缺补漏。

·热题研习
大数据筛选，根据所有考生答题情况对每一道题目进行正确率统计，并按照正确率进行热度划分，考生可以借助他人的经验筛选题目，此模块特别适用于考试临近而又没有时间复习的考生。

·错题重做
在"新题练习"、"热题研习"、"熟题重温"中做错的题目会进入到这个模块，所有错题按照时间倒序显示，距离当前时间越久越先显示，并且同一道错题需要连续做对三次才能进入到"熟题重温"中，错题的抗遗忘曲线法帮助考生真正掌握每一个考点。

·典型试卷
"典型试卷"是由全国资格认证考试热题库编委会精心编写的冲刺试卷，帮助考生在考前冲刺使用，此模块的重要性不言自明。

·个人中心
点击头像进入个人中心，在个人中心详细展示考生复习情况，根据考生学习进度及学习成果生成评估报告，并且可以根据做题量及正确率进行平台排名，促进考生学习欲望。日志、排行榜、复习进度、评估报告从不同角度记录考生学习进度，帮助考生直观地了解复习情况。对于有疑问的问题和重点问题可以选择笔记记录或者使用积分悬赏进行提问；有能力的考生也可以对其他考生的提问进行解答，赚取积分的同时增强考生之间的互动性。

功 能

·**日志**：记录考生每天的复习情况、做题总数、错题总数、正确率，方便考生安排复习计划。

·**排行榜**：对所有参加考试的考生答题情况进行排名，知己知彼百战不殆。

·**复习进度**：把每科考试按照章节划分查漏补缺，哪里没学学哪里。

·**评估报告**：根据考生做题情况进行图表展示，让考生更直观地了解复习情况。

·**笔记题目**：重点难点问题反复学习，记录上次学习知识盲点，温故而知新。

·**我的提问**：考生对有疑问的问题进行提问，快速找到解决和学习办法。

·**我的回答**：考生之间的互动，帮助别人的同时加深自己对知识点的理解，同时赚取积分。

·**已购买的热题**：热题快速进入渠道，直接答题告别繁琐。

·**已购买的错题**：错题快速进入渠道，直接答题告别繁琐。

·**已购买的典型试卷**：典型试卷快速进入渠道，直接答题告别繁琐。

第九章　理财规划与客户关系管理

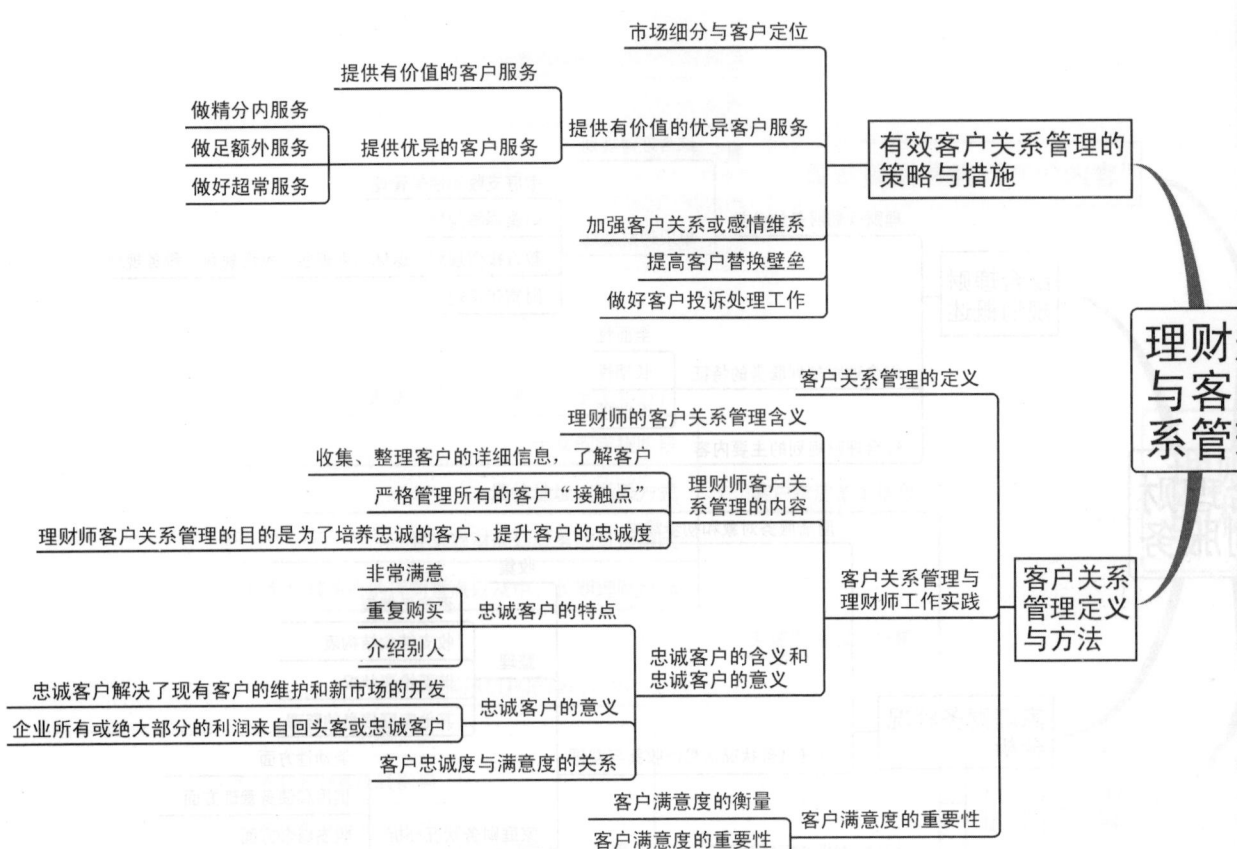

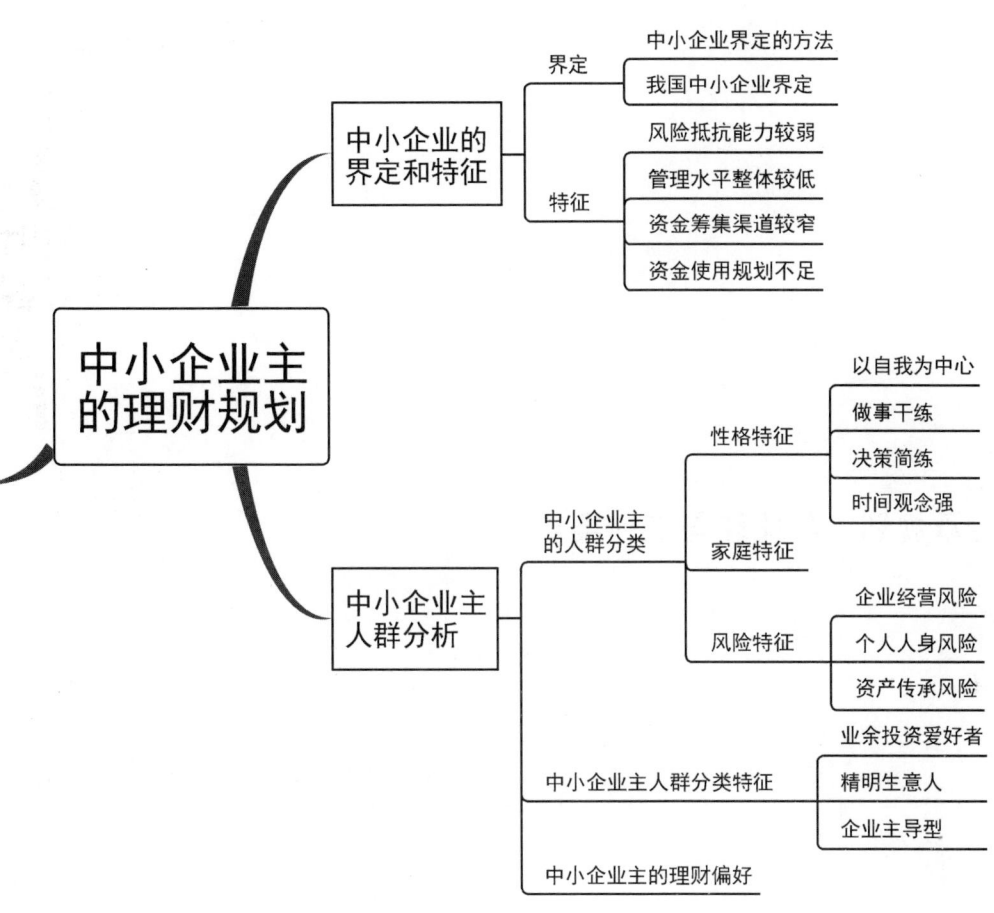

第四节 财富传承——人寿保险

人寿保险是主要以人的寿命为保障对象的保险,以被保险人在保险期间生存或身故为给付保险金的条件,通常以指定受益人来完成保险合同约定 —— 人寿保险概述 —— 财富传承——

第五节 财富传承规划工具比较与工作要点

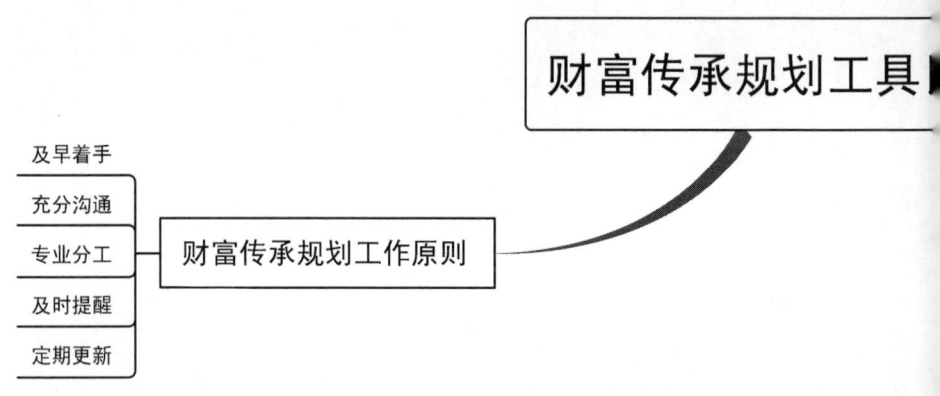

及早着手
充分沟通
专业分工 —— 财富传承规划工作原则 —— 财富传承规划工具
及时提醒
定期更新

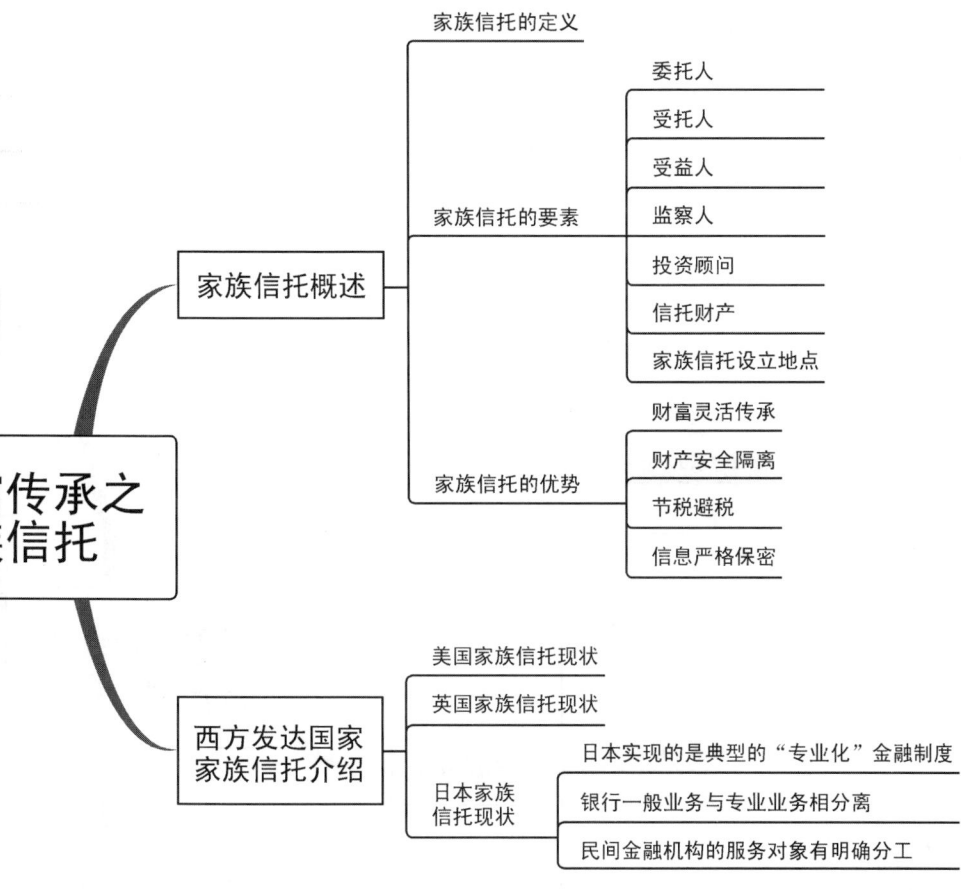

第六节 企业经营相关税种税务规划

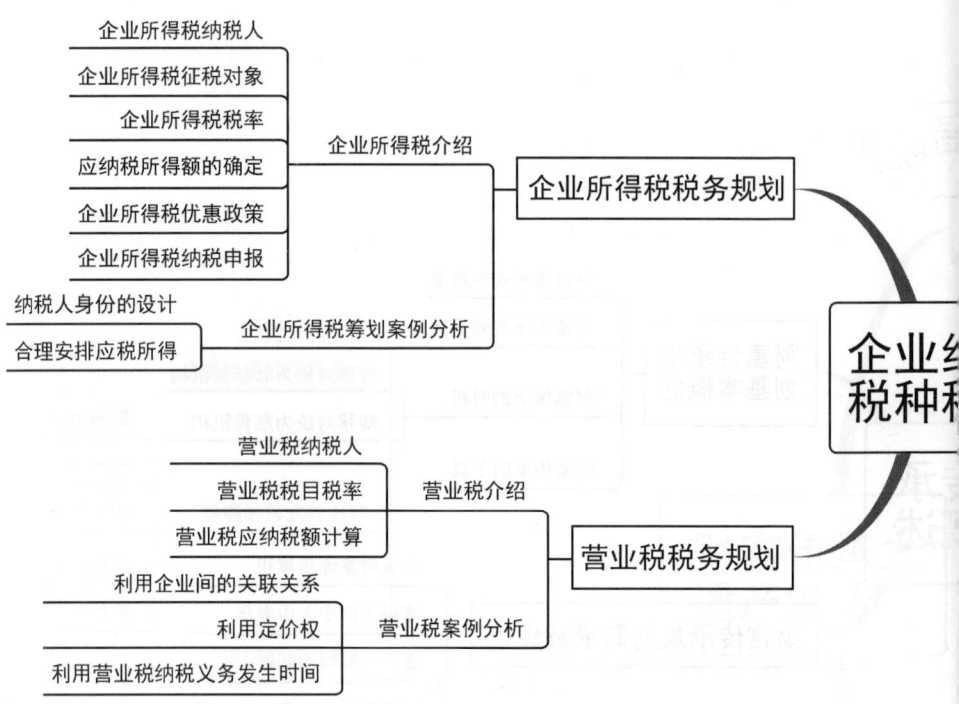

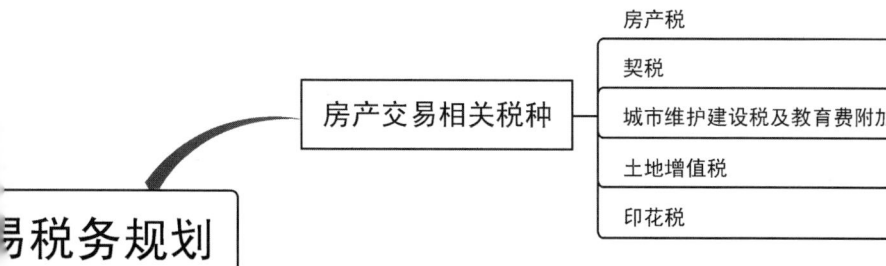

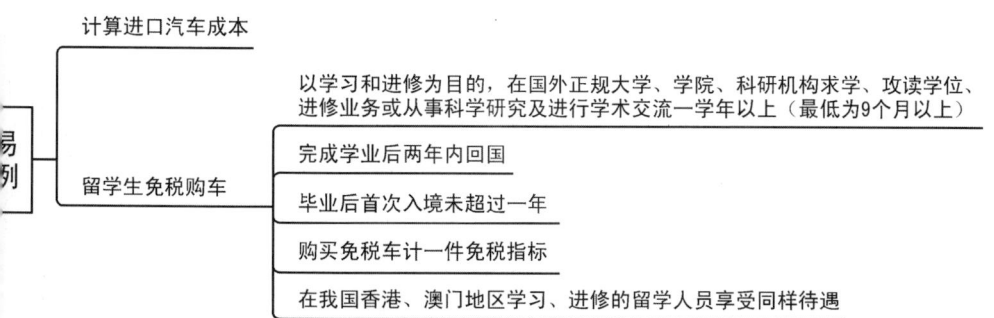

第六章 税务规划

第一节 税务规划概述

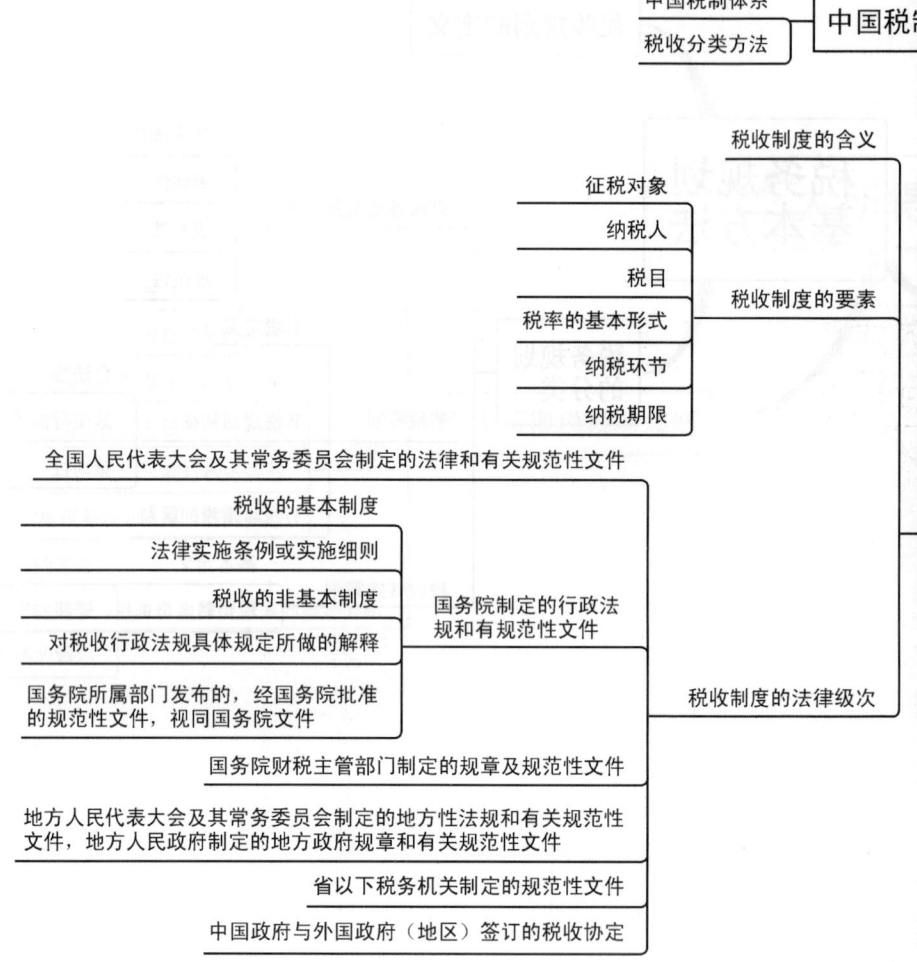

资产配置应用与投资规划

- 资产配置的具体应用
  - 资产配置流程
    - 根据客户的情况和目标确定其预期收益和风险偏好
    - 决定不同资产类型上投资的比例
    - 根据客户具体的资产配置（比例）要求，再具体选择各类资产下的理财产品和产品组合

第五章 投资规划

第一节 投资规划概述

投资规划概述

投资的目的
- 抵御通货膨胀
- 实现资产增值
- 获取经常性收益

- 狭义：投资产生盈利的部分
- 广义：各种有形无形资产的增加、升值
- 从财务角度：使资产获得超过其投资成本的回报

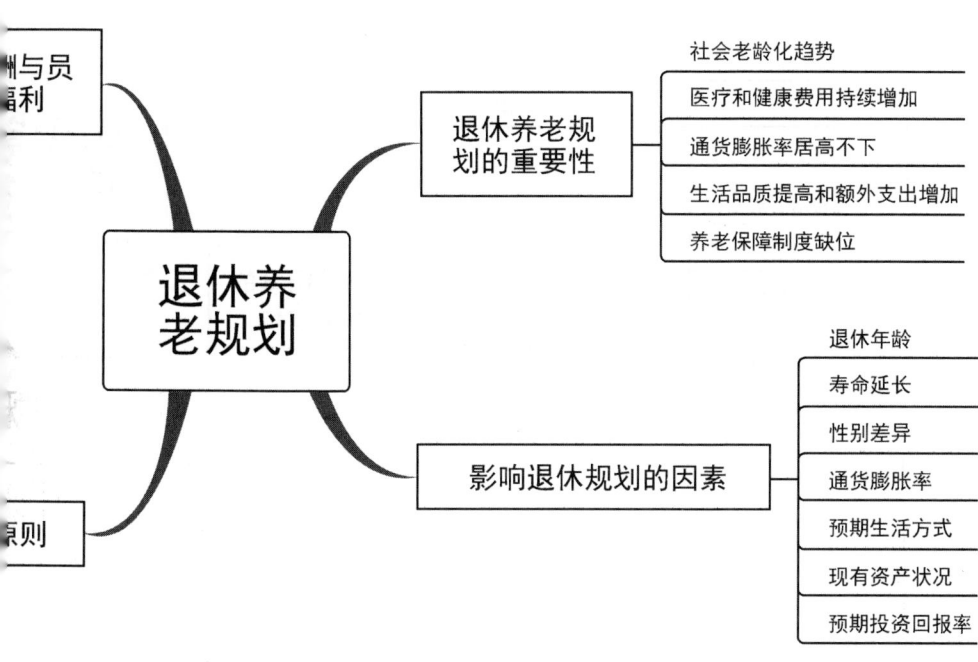

第二节　教育投资规划的工具

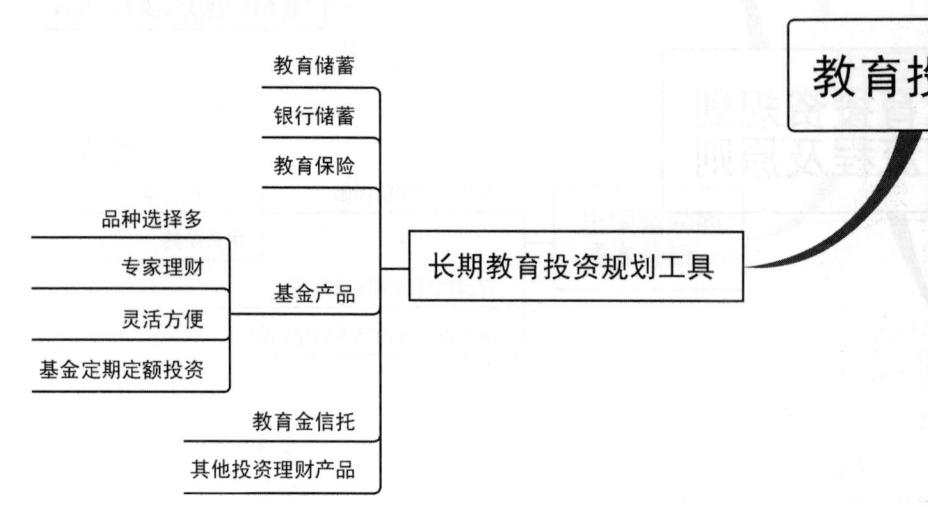

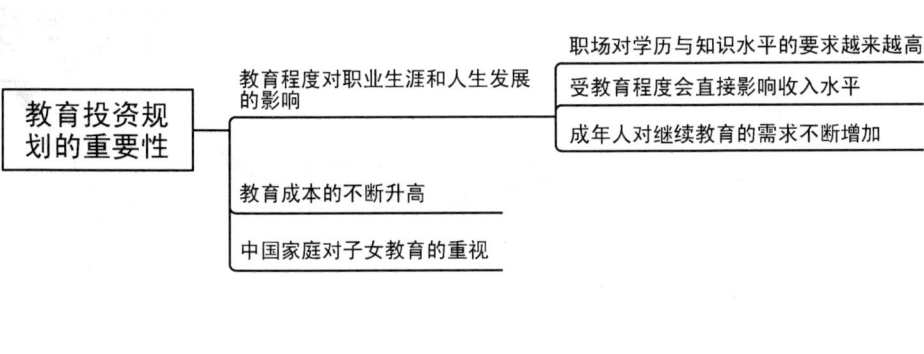

第二节 保险的基本概念与原理

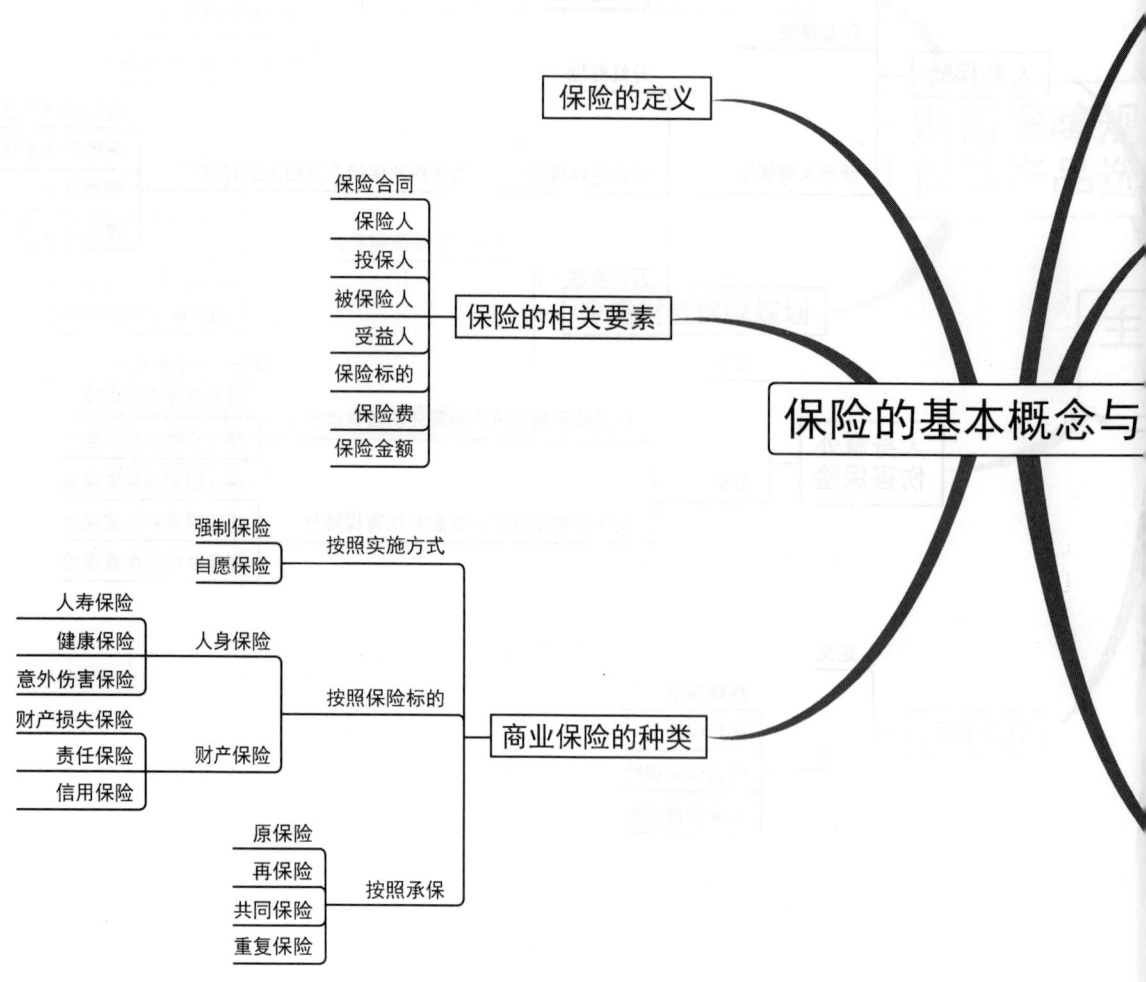

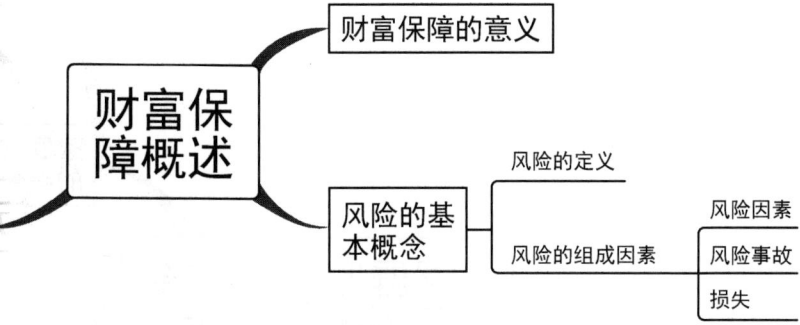

第一章 家庭收支和债务管理

第一节 家庭收支和债务管理信息的分类

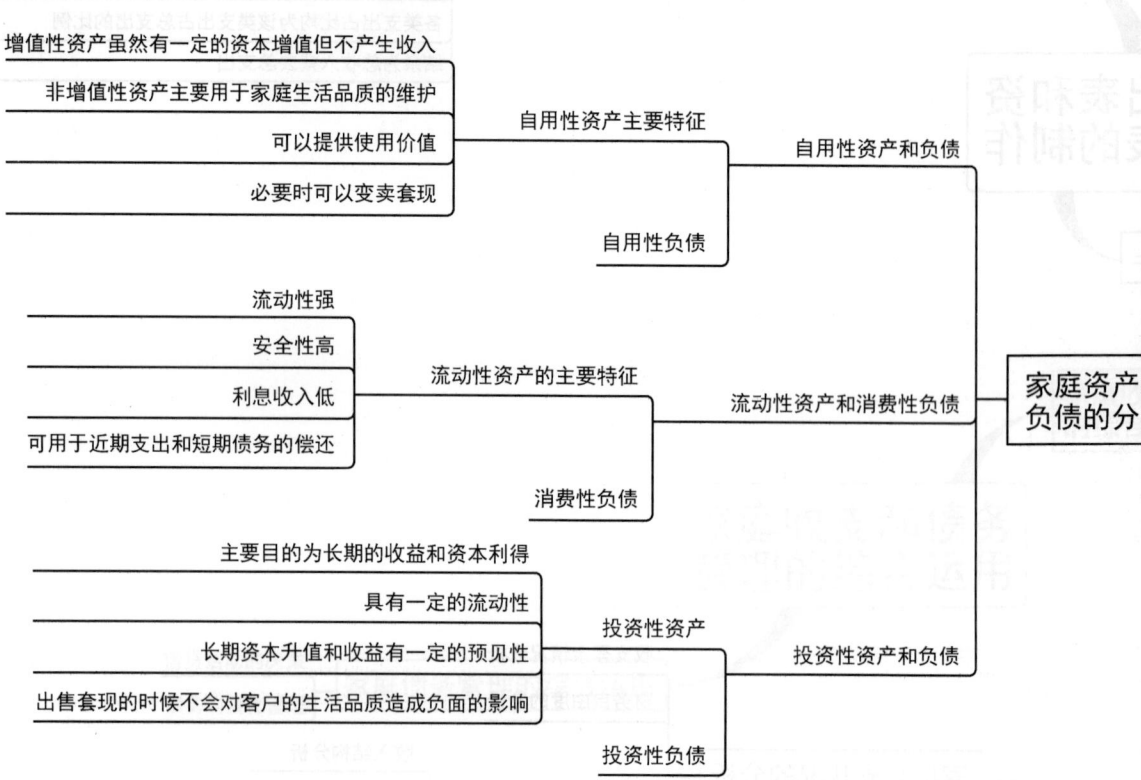

目　录

一、热题库使用说明

二、思维导图

　　第一章　家庭收支和债务管理

　　第二章　财富保障与规划

　　第三章　教育投资规划

　　第四章　退休养老规划

　　第五章　投资规划

　　第六章　税务规划

　　第七章　财富传承规划

　　第八章　中小企业主的理财规划

　　第九章　理财规划与客户关系管理

　　第十章　综合理财规划服务

　　第十一章　理财规划书制作的标准和流程

三、模拟试卷

　　《个人理财（中级）》模拟试卷（一）

　　《个人理财（中级）》模拟试卷（二）

　　《个人理财（中级）》模拟试卷（三）

参考答案及解析

内 容 提 要

本书主要依据中国银行业专业人员职业资格考试专业实务科目《个人理财》(中级)科目要求而编写,内容涵盖思维导图、模拟试卷、热题库三部分,思维导图能够帮助读者理清复习脉络,模拟试卷可以帮助读者检测复习效果,热题库可以帮助读者逐一击破考试重点、难点及易错点,增强应试能力。

图书在版编目(CIP)数据

全国银行业专业人员职业资格考试热题库. 个人理财. 中级 / 全国资格认证考试热题库编委会,邵冰主编. — 北京:中国纺织出版社,2018.1

全国资格认证考试热题库

ISBN 978-7-5180-4019-3

Ⅰ. ①全… Ⅱ. ①全… ②邵… Ⅲ. ①银行—从业人员—中国—资格考试—习题集 ②私人投资—银行业务—中国—资格考试—习题集 Ⅳ. ①F832-44

中国版本图书馆CIP数据核字(2017)第219547号

策划编辑:陈希尔　责任印制:储志伟

中国纺织出版社出版发行
地址:北京市朝阳区百子湾东里A407号楼　邮政编码:100124
销售电话:010—67004422　传真:010—87155801
http://www.c-textilep.com
E-mail: faxing@c-textilep.com
中国纺织出版社天猫旗舰店
官方微博http://weibo.com/2119887771
三河市延风印装有限公司印刷　各地新华书店经销
2018年1月第1版第1次印刷
开本:787×1092　1/16　印张:8.5
字数:192千字　定价:58.00元

凡购本书,如有缺页、倒页、脱页,由本社图书营销中心调换

策划编辑：陈希尔
封面设计：砚祥志远·激光照排

联系我们：
地址：辽宁省大连市沙河口区星海大厦
电话：0411-84669496
邮箱：retiku@retiku.cn

如有任何疑问
请联系客服人员

扫一扫，关注中国纺织出版社热题库系列

中国纺织出版社
热题库

中国纺织出版社
官方微信大众版

中国纺织出版社
官方微博

中国纺织出版社
天猫旗舰店

ISBN 978-7-5180-4019-3

定价：58.00元

全国银行业专业人员职业资格考试热题库

《个人理财（中级）》模拟试卷（一）

一、单项选择题（共40题，每小题0.5分，共20分。以下各小题所给出的四个选项中，只有一项符合题目要求，请选择相应选项，不选、错选均不得分）

1. 收入结构的分析通常能显示一个家庭的（　　）。
   A. 潜在风险　　　B. 收入稳定性　　　C. 主要收入来源　　　D. 财务保障现状
2. 自由结余占（　　）的比率过高，往往体现出较低的理财积极度。
   A. 理财支出　　　B. 总结余　　　C. 总收入　　　D. 总支出
3. （　　）是对企业、家庭或个人正面临的和潜在的风险加以判断、归类和对风险性质进行鉴定的过程。
   A. 评估风险管理效果　　　　　　B. 风险识别
   C. 风险评价　　　　　　　　　　D. 风险估测
4. 刘丽特别喜欢自己活泼可爱的外甥女，打算在她12岁生日时为其外甥女投保一份定额寿险，没想到保险公司拒保，其拒保的理由是（　　）。
   A. 刘丽外甥女年龄太小　　　　　B. 刘丽违反了最大诚信原则
   C. 刘丽违反了损失补偿原则　　　D. 刘丽对其外甥女不具有保险利益
5. 张先生的自行车刹车闸已损坏，但是为了不耽误上班使用，张先生抱着侥幸的心理继续骑车上班，这种行为从风险管理的角度考虑是存在风险的，自行车刹车闸的损坏属于（　　）。
   A. 风险因素　　　B. 风险载体　　　C. 风险事故　　　D. 损失
6. 李先生在购买保险的时候，发现保险合同中所载明的风险一般是在（　　）的基础上可测算的且当事人双方均无法控制风险事故发生的纯粹风险。
   A. 高等数学　　　　　　　　　　B. 概率论和利息理论
   C. 利息理论和数理统计　　　　　D. 概率论中的大数法则
7. 一个保险事故的发生可能具有多种原因，这些原因具有一定的先后顺序，下列对于近因原则解释正确的是（　　）。
   A. 近因是对保险标的损失持续地起决定或有效作用的原因
   B. 近因是指空间上最接近的原因
   C. 确定近因的方法只有执果索因
   D. 近因是指时间上最接近的原因
8. 李女士在学习《保险法》的时候，了解到保险合同的履行是建立在事件可能发生也可能不发生的基础上的，这体现的是保险合同的（　　）。
   A. 单务性　　　B. 附和性　　　C. 双务性　　　D. 射幸性

9. 以（　　）作为标准进行分类，保险可以分为财产保险和人身保险。
   A. 承保　　　　　B. 实施方式　　　　C. 保险性质　　　　D. 保险标的

10. 以两个或两个以上被保险人中至少还有一人生存为年金给付条件，且给付金额不变的年金保险为（　　）。
    A. 个人年金　　　　　　　　　　　B. 最后生存者年金
    C. 联合年金　　　　　　　　　　　D. 联合及生存者年金

11. 张先生为儿子投保了一份意外伤害保险，受益人为张先生的妻子，则该保险合同的当事人是（　　）。
    A. 张先生、保险公司　　　　　　　B. 张先生、张先生的妻子
    C. 张先生、张先生的儿子　　　　　D. 张先生的儿子、保险公司

12. 家庭教育理财规划的核心是（　　）。
    A. 子女教育规划　　B. 退休养老规划　　C. 消费支出规划　　D. 投资规划

13. 在估算教育费用的增长时，一般在通货膨胀率上加上（　　）个百分点。
    A. 4~6　　　　　B. 3~5　　　　　C. 2~4　　　　　D. 1~3

14. 购房规划和退休养老规划在客户财务状况不佳时，可以推迟理财目标的实现时间，而教育规划则完全没有这样的（　　）。
    A. 费用弹性　　　　B. 费用刚性　　　　C. 时间弹性　　　　D. 时间刚性

15. （　　）是整个个人财务规划中不可缺少的部分，是为了退休后能够享受自立、尊严、高品质的生活。
    A. 银行储蓄存款规划　　　　　　　B. 风险管理规划
    C. 退休养老规划　　　　　　　　　D. 投资规划

16. 目前而言，退休收入的主要来源是（　　）。
    A. 商业保险　　　　B. 企业年金　　　　C. 家庭存款　　　　D. 社会养老金

17. 今年50岁的孙先生计划于10年后退休，现在正在制定退休规划。已知孙先生目前年开支额为10万元，投资回报率一直为6%，通胀率为3%。如果孙先生的预期寿命为70岁，目前所需筹集的养老金为（　　）元。
    A. 661865　　　　B. 568357　　　　C. 496715　　　　D. 495065

18. 投资与投资规划既有相同点，又存在一定的差别，投资或资产配置的目的是_____，投资规划的重点在于_____。（　　）
    A. 客户需求或理财目标的实现；收益与风险的平衡
    B. 收益与风险的平衡；客户需求或理财目标的实现
    C. 客户需求或理财目标的实现；收益的最大化
    D. 收益的最大化；客户需求或理财目标的实现

19. 债券投资的风险相对较低，但仍然需要承担风险。其中（　　）风险是债券投资者面临的最主要风险之一。
    A. 再投资　　　　　B. 信用　　　　　C. 利率　　　　　D. 价格

20. 在股票市场波动较大的情形下，某投资者对债券投资较有兴趣，为此向理财师咨询，而关于债券投资的风险，理财师的阐述正确的是（　　）。

A. 利率变化使投资者面临价格风险和再投资风险
B. 债券降级风险属于流动性风险
C. 投资者不会面临汇率风险
D. 当利率下降，债券价格上升，利息再投资收益也会增加

21. 如果某客户持有债券到期，并兑付，他仍将面临的风险是（   ）。
    A. 信用风险   B. 购买力风险   C. 流动性风险   D. 再投资风险

22. 程女士正在考察一只股票，并了解到当前股市大盘平均收益率为12%，同期国库券收益率为5%，已知该股票的β系数为1.5，则该只股票的期望收益率为（   ）。
    A. 16.5%   B. 15.5%   C. 14%   D. 13.5%

23. 黄先生投资于多只股票，其中20%投资于A股票，30%投资于B股票，40%投资于C股票，10%投资于D股票。这几支股票的β系数分别为1、0.6、0.5和2.4。则该组合的β系数为（   ）。
    A. 1.20   B. 1.13   C. 0.95   D. 0.82

24. ABC公司面临甲乙两个投资项目，经测算，它们的期望报酬率相同，甲项目的标准差小于乙项目的标准差。则以下对甲乙两个项目的表述正确的是（   ）。
    A. 因为甲项目标准差较小，所以取得高报酬率的概率更大，应选择甲项目
    B. 两个项目并无优劣之分，因为它们的期望报酬率相等
    C. 甲项目优于乙项目
    D. 乙项目优于甲项目

25. 下列关于资本资产定价模型的假设，错误的是（   ）。
    A. 投资者是知足的
    B. 投资者是风险厌恶者
    C. 投资者总希望预期报酬率越高越好
    D. 投资者根据投资组合在某一段时期内的预期报酬率和标准差来评价该投资组合

26. _____是税收这种特殊分配手段本质的体现，_____是实现税收无偿征收的保证，_____是无偿性和强制性的必然要求。（   ）
    A. 无偿性；强制性；固定性   B. 强制性；无偿性；固定性
    C. 无偿性；强制性；灵活性   D. 强制性；无偿性；灵活性

27. 下列关于税收的特征的表述，不正确的是（   ）。
    A. 无偿性是指国家征税后，税款一律纳入国家财政预算统一分配
    B. 税收的三个特征是统一的整体，相互联系，缺一不可
    C. 税收的强制性主要体现在制定税法的过程中
    D. 税收的固定性是相对于某一个时期而言的

28. 税和费的区别不包括（   ）。
    A. 用途不同   B. 来源不同   C. 特征不同   D. 主体不同

29. 税制中，一类税区别于另一类税的标志在于（   ）不同。
    A. 税目   B. 税率   C. 纳税环节   D. 征税对象

30. （   ）不是现阶段最常用的财富传承方式。

A. 基金投资　　　　B. 人寿保险　　　　C. 家族信托　　　　D. 遗产继承

31. 赵先生离婚后与儿子小赵一同生活，父母早亡，与前妻离婚后将一个残疾的儿子大赵交给前妻抚养，赵先生2009年因车祸去世，在清理遗产时发现赵先生留有一份自书遗嘱，将全部财产60万元留给儿子小赵，则赵先生的遗嘱（　　）。
   A. 无效，因为没有给大赵留遗产份额
   B. 有效，赵先生有权处理自己的财产
   C. 无效，因为没有给前妻留赡养费
   D. 有效，将财产给小赵

32. 下列关于遗产处理方式的说法，不正确的是（　　）。
   A. 限定继承，也可称为包括继承
   B. 一般有限定继承和无限继承两种方式
   C. 限定继承原则下，继承人有权拒绝偿还超出遗产财产权利中的债务
   D. 无限继承原则下，既继承全部积极遗产，又接受全部消极遗产，无限制地清偿死者遗留的债务

33. 陈先生通过设立信托，可以在自己遭受商业风险时，家庭经济能力不会受到影响，这是利用了信托（　　）特性。
   A. 制度的复杂性　　　　　　　　B. 财产的独立性
   C. 受托人的专业性　　　　　　　D. 受托人的独立性

34. 依据我国《继承法》第十条的规定，作为法定继承人的兄弟姐妹不包括（　　）。
   A. 养兄弟姐妹　　　　　　　　　B. 同父同母的兄弟姐妹
   C. 没有扶养关系的继兄弟姐妹　　D. 同父异母或者同母异父的兄弟姐妹

35. 下列属于对中小企业进行界定的定量方面的指标是（　　）。
   A. 资产总值　　B. 融资方式　　C. 所处行业地位　　D. 企业的组织形式

36. 对于建筑业，营业收入_____万元及以上，且资产总额_____万元及以上的为中型企业。（　　）
   A. 6000；5000　　B. 5000；3000　　C. 3000；5000　　D. 3000；3000

37. 客户关系管理起源于20世纪初，最早发展的国家是（　　）。
   A. 法国　　　　B. 德国　　　　C. 美国　　　　D. 英国

38. 正确识别潜在的人身风险是家庭财务保障规划中最为重要的一个环节，下列不属于由人身风险而导致的财务风险的是（　　）。
   A. 家庭主要成员因患疾住院而导致医疗费用增加
   B. 家庭主要成员因意外住院而导致医疗费用增加
   C. 家庭主要成员因年老身故而导致家庭收入大幅减少
   D. 家庭主要成员因意外身故而导致家庭收入大幅减少

39. 下列（　　）不属于家庭资产负债表中投资性资产的内容。
   A. 住房公积金　　B. 活期存款　　C. 基金　　D. 股票

40. 理财规划书的主要结构不包括（　　）。
   A. 结尾　　　　B. 开场白　　　　C. 主要内容　　　　D. 其他内容

二、多项选择题（共20题，每小题1分，共20分。以下各小题所给出的五个选项中，只有两项或两项以上符合题目要求，请选择相应选项，不选、错选均不得分）

1. 工作收入包括（   ）。
    A. 稿酬
    B. 年终奖
    C. 工资收入
    D. 财产租赁所得
    E. 个人经营所得

2. 下列关于家庭结余的说法，正确的有（   ）。
    A. 生活结余是指税后工作收入减去相应的日常生活支出和专项支出后的盈余部分
    B. 理财结余是指税后工作收入减去相应的日常生活支出和专项支出后的盈余部分
    C. 自由结余占总结余的比率过高，往往体现出较高的理财积极度
    D. 专项结余占总结余的比率通常也表现出客户的理财积极度
    E. 自由结余可以用以实现短期理财目标

3. 风险是指损失发生的不确定性，这种不确定性包括（   ）三层含义。
    A. 风险事件不确定
    B. 发生地点不确定
    C. 发生时间不确定
    D. 损失的程度不确定
    E. 损失发生与否不确定

4. 下列属于信用保险业务种类的有（   ）。
    A. 农业保险
    B. 投资保险
    C. 出口信用保险
    D. 忠诚保证保险
    E. 合同保证保险

5. 钱先生在购买保险时，保险公司经理人告诉他，在我国投保人购买保险需要履行询问回答告知。从理论上讲，投保人需告知的内容包括（   ）。
    A. 众人皆知的法律常识
    B. 保险标的风险增加的事实
    C. 已知的与保险标的有关的实质性重要事实
    D. 应知的与保险标的有关的实质性重要事实
    E. 保险人能够从投保人提供的情况中发现的事实

6. 教育投资规划是针对家庭成员的教育目标制定的财务规划，主要包括哪些内容？（   ）
    A. 明确教育需求
    B. 计算学习成本
    C. 选择理财产品和储蓄、投资方案
    D. 风险估测
    E. 计算资金需求和退休收入

7. 下列关于我国养老保障制度的说法，正确的是（   ）。
    A. 国家基本养老金计划覆盖面广泛，保障程度较高
    B. 解决养老金缺口问题对国家基本养老金计划提出了一定压力
    C. 个人养老储蓄已经形成制度化

D. 现有的养老保险体系对保证退休者退休生活品质还存在较大缺口

E. 制定退休规划举足轻重，任重而道远

8. 对于退休者个人而言，退休年龄直接影响退休规划的两个方面，即_____和_____。（   ）

   A. 退休后所能领取的养老保险金额不同
   B. 工作时长不同带来的财富累积数量的区别
   C. 退休生活的时间长短所带来的退休费用多寡
   D. 退休时身体健康状况所需要的医疗费用高低
   E. 工作时长不同带来的对未来生活水平预期的不同

9. 一般来说，预期投资回报率的设定与下列哪些因素相关？（   ）

   A. 客户的性别   B. 客户的年龄
   C. 客户的学历   D. 客户的风险偏好
   E. 客户的投资经验

10. 下列属于非系统风险的是（   ）。

    A. 市场风险   B. 经营风险
    C. 财务风险   D. 信用风险
    E. 偶然事件风险

11. 税收的固定性包括的含义有（   ）。

    A. 税收征收对象的确定性   B. 税收征收数额的确定性
    C. 税收征收程序的确定性   D. 税收征收总量的有限性
    E. 税收征收具体操作的确定性

12. 税收管理的主体可以是（   ）。

    A. 行政事业单位   B. 行业主管部门
    C. 税务机关   D. 财政部门
    E. 海关

13. 关于财富传承规划，下列说法正确的有（   ）。

    A. 传承的对象不包括管理权
    B. 财富传承涉及大量的民事法律关系的协调和处理
    C. 财富传承工具只包括遗嘱和家族信托
    D. 个人财富的积累使得有关财富传承的需求越来越强烈
    E. 有利于维持家庭成员生活质量

14. （   ）是选择遗嘱作为财富传承方法的局限性。

    A. 继承人财产管理不当   B. 可能导致亲人反目
    C. 可能面临的遗产税   D. 监护人道德风险
    E. 隐私曝光

15. 与大企业相比，中小企业的特点有（   ）。

    A. 核心技术缺乏   B. 经营效益较差
    C. 由个人或少数人发起设立   D. 一般情况下业主直接管理

E. 企业主的理财规划会直接影响企业的经营
16. 中小企业主的性格特征包括（   ）。
    A. 斤斤计较   B. 做事干练
    C. 决策简练   D. 时间观念强
    E. 以自我为中心
17. 推动客户关系管理思想和方法的诞生、发展的因素有（   ）。
    A. 信息技术的推动   B. 客户投资观念的变化
    C. 社会生产方式的变化   D. 客户消费观念的改变
    E. 社会企业经营理念的变化
18. 社会企业经营理念的变化经历了（   ）阶段。
    A. 客户中心论   B. 利润中心论
    C. 销售中心论   D. 产值中心论
    E. 成本中心论
19. 客户关系管理在中国的实践经历了（   ）。
    A. 模仿阶段   B. 探索阶段
    C. 跟风阶段   D. 摸索阶段
    E. 回归创新阶段
20. 一些发达国家对理财行业理财师的要求有（   ）。
    A. 将相关内容以口头的形式表现出来   B. 将相关内容以书面的形式表现出来
    C. KYC（了解你的客户）   D. KYP（了解你的产品）
    E. 提供相关信息披露

三、单项规划（共5个规划题，每个规划题6分，共30分。下列选项中至少有一项符合题目要求，多选、少选、错选均不得分）

1. 保险规划

陈刚夫妇两人今年都已经40岁，他们有一个女儿10岁，陈刚的父母与其同住。请理财规划师为其调整家庭的风险管理和保险规划。

根据以上材料回答（1）~（4）题。

(1) 陈刚有基本医疗保险，而陈夫人没有。针对这些情况，理财规划师需要立刻为该家庭增加的保险产品为（   ）。(1分)
    A. 陈刚的人寿保险   B. 陈夫人的责任保险
    C. 陈刚的意外伤害保险   D. 陈夫人的商业医疗保险

(2) 陈刚的小孩已经上小学，但是没有购买任何保险，理财规划师需要立刻为家庭增加的保险产品为（   ）。(1分)
    A. 陈刚的人寿保险   B. 孩子的人寿保险
    C. 孩子的意外伤害保险   D. 陈刚的意外伤害保险

(3) 陈刚夫妇希望配偶死亡后，另一方仍然维持他或者她想要的生活水平。理财规划师应该建议夫妇俩购买（   ）。(2分)

A. 意外伤害保险 B. 人身保险
C. 人寿保险 D. 财产保险

(4) 由于工作需要,陈刚经常出差。针对这一情况,理财规划师应该建议陈刚购买（　　）。(2分)

A. 意外伤害保险 B. 人身保险
C. 人寿保险 D. 财产保险

2. 教育规划

随着高等教育产业化的发展,近年来高等教育收费水平越来越高。韩丽丽见周围的同事都很早就开始给自己的子女准备高等教育金,也开始考虑尽早筹备儿子的高等教育费用。韩丽丽的儿子今年8岁,刚上小学二年级,学习成绩一直不错,预计18岁开始读大学。由于对高等教育不太了解,同时也不太清楚教育规划的工具及其运用,因此想就有关问题向理财师咨询。

根据以上材料回答（1）~（4）题。

(1) 理财师在为韩丽丽做规划之前,对韩丽丽家庭的财务信息和非财务信息进行询问。以下各项中,理财师不应涉及的是（　　）。(1分)

A. 韩丽丽同事的子女高等教育金筹备计划
B. 韩丽丽是否希望她的儿子出国留学
C. 韩丽丽的儿子有哪些爱好特长
D. 韩丽丽家庭是否为单亲家庭

(2) 理财师告诉韩丽丽,由于教育储蓄的一些缺点,导致不能完全依赖教育储蓄解决子女高等教育费用。理财师建议韩丽丽可以考虑购买部分教育保险。与教育储蓄相比,教育保险最大的优点是（　　）。(1分)

A. 投保人出意外保费可豁免 B. 获得免税的好处
C. 客户范围广泛 D. 流动性强

(3) 以下关于教育保险的说法中,错误的是（　　）。(2分)

A. 教育保险具有强制储蓄的功能
B. 保险金额越高,每年需要交付的保费也就越多
C. 有些教育保险可分红,所以这类保险买得越多越好
D. 一旦银行升息,参照银行存款利率设定的险种的现金回报率将低于现行银行存款利率

(4) 考虑到大学四年的学费加生活费对于韩丽丽家庭而言是不小的负担,因此理财师建议韩丽丽采用定期定投的方式为儿子准备大学学费。因为定期定投的好处在于（　　）。(2分)

A. 没有风险
B. 各期收益是确定的
C. 可平摊建仓成本、降低投资风险
D. 在所有投资方式中,定期定投获得的收益率最高

3. 退休养老规划

李明夫妇目前均刚过35岁,打算20年后即55岁时退休,估计夫妇俩退休后第一年的

生活费用为 8 万元（退休后每年初从退休金中取出当年的生活费用）。考虑到通货膨胀的因素，夫妇俩每年的生活费用预计会以年 4% 的速度增长。夫妇俩预计退休后还可生存 25 年，现在拟用 20 万元作为退休基金的启动资金，并计划开始每年年末投入一笔固定的资金进行退休基金的积累。夫妇俩在退休前采取较为积极的投资策略，假定年回报率为 6%，退休后采取较为保守的投资策略，假定年回报率为 4%。请回答以下问题：

(1) 夫妇退休资金需求折现至退休时约为（　　）万元。(2 分)
A. 200   B. 216   C. 234   D. 225

(2) 李明夫妇手中的 20 万元资金在 55 岁退休的时候会增长为（　　）元。(答案取最接近数值) (1 分)
A. 605120   B. 641427   C. 644427   D. 679913

(3) 要满足退休后的生活目标，同时考虑到目前 20 万元资金的增长，李明夫妇还约需准备（　　）元的资金。（请忽略退休后的收入部分，答案取最接近数值）(1 分)
A. 1158573   B. 1229268   C. 1358573   D. 1422986

(4) 为弥补退休基金缺口，李明夫妇采取每年年末定期定投的方法，则每年年末约需投入（　　）元资金。(答案取最接近数值) (2 分)
A. 36932   B. 52474   C. 54247   D. 64932

4. 投资规划

某大公司在 2011 年 1 月 1 日平价发行新债券，每张面值 1000 元，票面利率 10%，5 年到期，每年 12 月 31 日付息。

根据以上材料回答 (1) ~ (5) 题。

(1) 通常情况下，当市场利率上升时，短期固定利率债券价格的下降幅度（　　）长期债券的下降幅度。(1 分)
A. 大于   B. 小于   C. 等于   D. 不确定

(2) 王力持有某大公司在 2011 年 1 月 1 日发行的债券，该债券 2015 年 1 月 1 日的到期收益率是（　　）。(1 分)
A. 12%   B. 11%   C. 10%   D. 9%

(3) 假定王力持有某大公司的该债券至 2015 年 1 月 1 日，而此时的市场利率下降到 8%，那么 2015 年 1 月 1 日该债券的价值是（　　）元。(1 分)
A. 1219   B. 1119   C. 1019   D. 919

(4) 假定王力持有某大公司的该债券至 2015 年 1 月 1 日，而此时的市价为 900 元，此时购买该债券的到期收益率是（　　）。(1 分)
A. 23%   B. 22%   C. 21%   D. 20%

(5) 假定 2014 年 1 月 1 日的市场利率为 12%，债券的合理市价应为（　　）元。(2 分)
A. 986   B. 966   C. 952   D. 923

5. 税务规划

张伟从事个体餐饮业务，当地的营业税起征点为 4000 元。采取不同的措施，其利润和成本是不同的：甲方案：月营业额为 3900 元，成本费用为 1000 元；乙方案：月营业额为

4000元,成本费用为1050元;丙方案:月营业额为4100元,成本费用为1100元。假设只考虑营业税、城市维护建设税和教育费附加。

根据以上材料回答(1)~(4)题。

(1)如果执行甲方案,张伟每月净利润为(　　)元。(2分)
　　A. 3000　　　　　　B. 2900　　　　　　C. 2730　　　　　　D. 2675

(2)如果执行乙方案,张伟每月净利润为(　　)元。(2分)
　　A. 3000　　　　　　B. 2900　　　　　　C. 2730　　　　　　D. 2675

(3)如果执行丙方案,张伟每月净利润为(　　)元。(1分)
　　A. 3000　　　　　　B. 2910.5　　　　　C. 2774.5　　　　　D. 2665.5

(4)下列关于张伟的决策的说法,正确的是(　　)。(1分)
　　A. 甲方案最有利
　　B. 乙方案最有利
　　C. 丙方案最有利
　　D. 三个方案的效果一样,因此选哪个方案都可以

四、综合案例(30分)

王先生和冯女士一家目前处于家庭成长期,其中,王先生今年50岁,为某公司高级管理人员;冯女士今年45岁,待业;儿子王华今年16岁,高中一年级学生。一家三口均身体健康,无家族病史。

(1)家庭收支情况

王先生每月收入(税后)为20000元,每年红利为20万元(税后)。此外,王先生一家每年可以取得利息收入8万元(税后),房租收入4万元(税后),其他收入6万元(税后)。在家庭开支方面,王先生一家每月基本生活开支10000元,儿子的教育费用每月需3000元,老人赡养费每月4000元。另外,王先生一家每年养老保险支出125000元,外出旅游费用每年20000元。

(2)资产负债情况

王先生一家现有现金及银行存款100万元,定期存款100万元,自用住宅150万元,投资性房产80万元。同时王先生有一辆价值70万的自用汽车。负债只有信用卡消费2万元。

(3)家庭保险情况

王先生:年缴保费为12万元、缴费期限20年、保障终身,意外身故200万元、疾病身故150万元的商业保险,已缴费10年。同时,王先生购买的养老保险现金价值为60万元。冯女士:原所在单位为其办理并缴纳了10年的国家基本养老、医疗保险。儿子:子女教育保险,附加意外伤害和意外伤害医疗保险,教育保险保额20万元,附加意外伤害和医疗保险保额4万元,缴费期限20年,保险期限20年,年缴保费8000元。王先生家庭双方父母:享有国家基本保险保障,有一定的退休费。

(4)理财目标

①子女留学教育基金:5年后送儿子去美国留学,全部费用约为180万元人民币;②退休计划:10年后王先生退休时家庭的养老金资产累计到800万元左右。

根据以上材料回答下列 7 题。

1. 填写客户资产负债表。(在带有底色的单元格处填写,每空 0.5 分,共 7.5 分)

表1　家庭资产负债表

客户:王先生家庭　　日期:2015 年 12 月 31 日　　单位:元

资产	金额	负债和净资产	金额
现金和活期存款		信用卡负债	
流动性资产合计		消费性负债合计	
定期存款			
投资性房地产			
保单现金价值			
投资性资产合计			
自用房产			
自用汽车		负债总计	
自用性资产合计		净资产总计	
资产总计		负债和净资产总计	

2. 填写收入支出表。(在带有底色的单元格处填写,每空 0.5 分,共 6.5 分)

表2　收入支出表

客户:王先生家庭　　日期:2015 年 12 月 31 日　　单位:元

年收入	金额	年支出	金额
工作收入		家庭生活支出	
其中:工资和薪金		其中:家庭日常生活支出	
王先生		旅游支出	
奖金和佣金		子女教育支出	
王先生		赡养支出	
其他劳务收入			
理财收入		理财支出	
利息收入		保障保险费用	
租金收入			
其他收入			
收入总计		支出总计	
年结余			

3. 填写客户财务比率表,并将其与财务比率分析结论进行连线。(在带有底色的单元格处填写,每空 1 分,每条连线 0.5 分,共 9 分)

表3 财务比率分析表

比例	参考值	计算值			结论
结余比例	≥30%		●	●	说明王先生家庭偿债能力较强，资产稳固性很好。同时也因流动性比率过大，给资产的增值带来压力
投资与净资产比率	≥50%		●	●	说明王先生家庭短期偿债能力很好，但没有合理运用负债能力提高资产规模
偿付比率	≥50%		●	●	说明王先生家庭的债务很轻，家庭综合偿债能力较强
负责比率	≤50%		●	●	说明王先生家庭在必要的情况下可适当运用信用额度提升家庭生活水平
负责收入比率	≤40%		●	●	说明王先生家庭的投资资产占净资产比重较少，不利于家庭资产增值
流动性比率	≥3倍		●	●	说明王先生家庭的储蓄投资能力较强，能更好的达到理财目标

4. 关于王先生家庭的财务状况总体评价和财务状况预测，以下说法正确的有（　　）。（多项选择题，3分）

   A. 王先生家庭处于成长期，并逐步向子女大学教育期过渡，这个时期家庭的最大开支是医疗费、教育费

   B. 王先生家庭的负债较少，可适当将闲置资金投入收益率较高的债券、基金等理财产品，实现家庭资产增值

   C. 王先生可以将大部分资金用于股票市场投资，以获得更高的收益，从而更好地实现家庭的各项生活目标

   D. 王先生家庭属于高收入家庭，不用做任何理财规划就可以轻松实现家庭目标

   E. 王先生家庭在开源节流方面做的很好，这样逐渐累积资金，为投资打下良好的基础

5. 下列对王先生家庭保险规划提出的建议，错误的是（　　）。（单项选择题，2分）

   A. 冯女士并非家庭收入的主要来源，可以不考虑商业补充保险

   B. 王先生作为家庭绝对主要收入来源，应追加购买商业补充保险

   C. 对于财产保险，可建议王先生对房屋、车辆及其他财产考虑投保

   D. 王先生双方父母享有国家基本保险保障，可适当考虑增加意外伤害和医疗保险

6. 为了满足儿子5年后出国留学的需要，在理财师的建议下，王先生拟每年用一部分结余投资于5年期限的定期定额基金，假设年平均报酬率为15%左右，每年年末需要拿出（　　）万元结余投资于该基金。（单项选择题，1分）

   A. 29.70　　　　　B. 28.70　　　　　C. 26.70　　　　　D. 25.70

7. 在10年后王先生自己退休时，估计需要准备养老金800万元。假设退休前，王先生的投资收益率为8%。从现在开始，王先生每年年末应投入（　　）万元。（单项选择题，1分）

   A. 60.22　　　　　B. 55.22　　　　　C. 50.22　　　　　D. 45.22

模拟试卷（一）参考答案及解析

一、单项选择题

1.【答案】 C

【解析】收入结构的分析通常能显示一个家庭的当前主要收入来源，帮助理财师评估客户家庭收入的稳定性和潜在的风险，对客户家庭财务保障现状分析、保险规划乃至综合理财规划等都具有非常重要的现实意义。

2.【答案】 B

【解析】家庭结余的支配项目包括专项结余和自由结余两大类。自由结余是总结余减去专项结余总额，这是未经处理的结余额度。自由结余占总结余的比率过高，往往体现出较低的理财积极度。

3.【答案】 B

【解析】风险识别是对企业、家庭或个人正面临的和潜在的风险加以判断、归类和对风险性质进行鉴定的过程。即对尚未发生的、潜在的和客观存在的各种风险系统、连续地进行识别和归类，并分析产生风险事故的原因。

4.【答案】 D

【解析】保险的基本原则之一是保险利益原则。根据《中华人民共和国保险法》第十二条规定，人身保险的投保人在保险合同订立时，对被保险人应当具有保险利益。投保人对下列人员具有保险利益：①本人；②配偶、子女、父母；③前项以外与投保人有抚养、赡养或者扶养关系的家庭其他成员、近亲属；④与投保人有劳动关系的劳动者；⑤被保险人同意投保人为其订立合同的，视为投保人对被保险人具有保险利益。本题中，刘丽女士对其外甥女是不具有保险利益的，所以会遭到保险公司的拒保。

5.【答案】 A

【解析】风险因素是指促使某一特定风险事故发生或增加其发生的可能性或扩大其损失程度的原因或条件，是风险事故发生的潜在原因，是造成损失的间接原因。本题中，自行车刹车闸损坏增加了张先生摔倒受伤的可能性，属于风险因素。

6.【答案】 D

【解析】现代的保险基于概率论中的大数法则。因为人们在长期实践中发现，随机现象（如人的死亡、汽车发生交通事故）的大量重复中往往出现几乎必然的规律。也就是说风险数量越多，实际损失的概率会越稳定，保险人就能够通过这一规律计算保险费率。

7.【答案】 A

【解析】近因原则是判断风险事故与保险标的损失直接的因果关系，从而确定保险赔偿责任的一项基本原则。对于单一原因造成的损失，单一原因即为近因；对于多种原因造成的损失，持续地起决定或有效作用的原因为近因。

8.【答案】 D

【解析】保险合同是射幸合同，这种合同的效果在订立时是不确定的，保险人赔偿义务的实际履行带有偶然性。按照保险合同约定，当未来保险事故发生时，由保险人承担损失赔偿或给付保险金责任。由于保险人所承保的保险标的的风险事故是不确定的,而投保人购买保险仅支付较少量的保费,保险标的一旦发生保险事故,被保险人所能获得的赔偿或给付将是保费支出的数十倍甚至数百倍或更多。

9. 【答案】 D

【解析】以保险标的作为分类标准,保险可以分为财产保险和人身保险;以保险的性质为标准进行分类,保险可以分为商业保险、社会保险和政策保险;按承保划分,保险可以分为原保险、共同保险、重复保险和再保险;按照实施方式分类,保险可以分为自愿保险和强制保险两种形式。

10. 【答案】 B

【解析】最后生存者年金是指以两个或两个以上被保险人中至少还有一人生存为年金给付条件的年金保险。这种年金的给付将持续到最后一个被保险人死亡为止,且给付金额保持不变。A项,个人年金是指以一个被保险人的生存为年金给付条件的年金保险;C项,联合年金是指以两个或两个以上被保险人的生存为年金给付条件的年金保险;D项,联合及生存者年金是指以两个或两个以上被保险人中至少还有一人生存为年金给付条件的年金保险,但与最后生存者年金不同的是联合及生存者年金在被保险人人数减少时,给付的年金金额也会随之相应调低。

11. 【答案】 A

【解析】保险合同是投保人与保险人约定保险权利义务关系的协议,保险合同的当事人包括:①投保人,又称要保人,是指与保险人订立保险合同,并按照保险合同负有支付保险费义务的人;②保险人,又称承保人,是指与投保人订立保险合同,并承担赔偿或者给付保险金责任的保险公司。本案中投保人为张先生,保险人为保险公司。

12. 【答案】 A

【解析】根据教育对象不同,教育规划通常被分为职业教育规划与子女教育规划。子女教育规划是家庭教育理财规划的核心,子女的教育通常由基本教育与素质教育组成。

13. 【答案】 B

【解析】教育费用的增长率一方面受到通货膨胀率的影响,另一方面,教育费用的增长率通常又高于通货膨胀率,且呈现出逐年上升的趋势。因此,在估算教育费用的增长时,一般在通货膨胀率上加上3~5个百分点。

14. 【答案】 C

【解析】教育金属于刚性支出,不具备时间弹性,而且金额大。

15. 【答案】 C

【解析】退休后能够享受自立、尊严、高品质的生活是一个人一生中最重要的财务目标,因此退休养老规划是整个个人财务规划中不可缺少的部分。

16. 【答案】 D

【解析】退休收入的主要构成包括社会养老金、家庭存款、企业年金、商业保险、其他收入等。目前而言,社会养老金仍然是退休收入的主要来源,这项收入也是计算退休金缺口的主要数据。

17. 【答案】 A

【解析】实际收益率 =（1 + 名义收益率）/（1 + 通货膨胀率）- 1 =（1 + 6%）/（1 + 3%）- 1 = 2.91%，到 60 岁退休时年生活开销 = 100000 ×（1 + 3%）^{10} = 134400（元）。客户退休后 10 年的总支出折现到 60 岁时点，PV（FV = 0，PMT = -134400，i = 2.91%，n = 10，期初年金）= 1185300（元）。退休总开支从 60 岁时点折算到 50 岁时点，PV（FV = 1185300，n = 10，i = 6%，PMT = 0）= 661865（元），即预期寿命为 70 岁时，孙先生需要筹集 661865 元养老金。

18.【答案】 B

【解析】投资，即资产配置的过程，是投资规划的关键或核心内容。这就是说，投资与投资规划的相同点是，两者都关系到投资工具的选择和组合；不同之处在于投资或资产配置的目的是收益与风险的平衡，投资规划的重点在于客户需求或理财目标的实现。

19.【答案】 B

【解析】信用风险也叫违约风险，是指借款人不能履行合约，无法按时还本付息的可能性。在债券投资的风险中，信用风险是最主要的风险之一。一般来说，政府债券不存在信用风险，非政府信用的债券信用风险较高。

20.【答案】 A

【解析】B 项，债券降级风险是由于信用等级下降带来的风险，属于信用风险；C 项，当投资者持有债券的利息和本金以外国货币偿还或者以外国货币计算但是用本国货币偿还的时候，投资者就会面临汇率变动风险，称为汇率风险；D 项，在计算债券投资总收益的时候，利息的收益也占相当一部分比率，而利息的收益的大小取决于再投资利率，如果再投资利率下降，那么债券的再投资的收益就会减少，称这种风险为再投资风险。

21.【答案】 D

【解析】在计算债券投资总收益的时候，利息的收益也占相当一部分比率，而利息的收益的大小取决于再投资利率，如果再投资利率下降，那么债券的再投资的收益就会减少，称这种风险为再投资风险。

22.【答案】 B

【解析】由资本资产定价模型可得该只股票的期望收益率为：$E(R_A) = R_f + \beta[E(R_M - R_f)] = 5\% + 1.5 \times (12\% - 5\%) = 15.5\%$

23.【答案】 D

【解析】该组合的 β 系数 = 20% × 1 + 30% × 0.6 + 40% × 0.5 + 10% × 2.4 = 0.82。

24.【答案】 C

【解析】风险可以理解为通过计算一组数据偏离其均值的偏差程度。这组数据越离散，其波动也就越大，标准差越大；这组数据越聚合，其波动也就越小，标准差越小。预期收益率的标准差越大，预期收益率的分布也越大，不确定性及风险也越大。甲乙项目预期报酬相同，但甲项目风险较小，因此甲项目优于乙项目。

25.【答案】 A

【解析】A 项，资本资产定价模型假设投资者希望财富越多越好，效用是财富的函数，财富又是投资收益率的函数。

26.【答案】 A

【解析】税收的三个特征是统一的整体，相互联系，缺一不可。无偿性是税收这种特殊分配手段本质的体现，强制性是实现税收无偿征收的保证，固定性是无偿性和强制性的必然要求。三者相互配合，保证了政府财政收入的稳定。

27. 【答案】　C

【解析】C项，税收的强制性是指国家凭借其公共权力以法律、法令形式对税收征纳双方的权利（权力）与义务进行规范，依据法律进行征税。我国宪法明确规定我国公民有依照法律纳税的义务。纳税人必须依法纳税，否则就要受到法律的制裁。税收的强制性主要体现在征税过程中。

28. 【答案】　B

【解析】税和费的区别主要表现在：①主体不同。税收的主体是国家，而费的收取主体多是行政事业单位、行业主管部门等。②特征不同。税收具有无偿性、稳定性，费则通常具有补偿性、灵活性。③用途不同。税收收入由国家预算统一安排，用于社会公共需要支出，而费一般具有专款专用的性质。

29. 【答案】　D

【解析】征税对象，又称课税对象，它指的是课税的目的物，即对什么征税。税制中，一类税区别于另一类税的标志在于征税对象不同。

30. 【答案】　A

【解析】现阶段最常用的财富传承方式包括：遗产继承、家族信托、人寿保险等。

31. 【答案】　A

【解析】《继承法》第十九条规定，遗嘱应当对缺乏劳动能力又没有生活来源的继承人保留必要的份额。另外，不得取消或减少尚未出生的胎儿的应继份，否则，所立遗嘱为无效的遗嘱。

32. 【答案】　A

【解析】A项，无限继承，也可以称为包括继承。

33. 【答案】　B

【解析】如果设立家庭信托将财富通过信托收益的方式传承给下一代的话，因信托财产的独立性（家庭信托资产不列入委托人的遗产），就可以合法规避遗产税和赠与税。

34. 【答案】　C

【解析】作为法定继承人的兄弟姐妹包括同父母的全血缘的兄弟姐妹，同父异母或同母异父的半血缘的兄弟姐妹、养兄弟姐妹和有扶养关系的继兄弟姐妹。

35. 【答案】　A

【解析】多数国家对中小企业的界定从定性和定量两方面进行。其中，定性的指标主要包括企业的组织形式、融资方式及所处行业地位等；定量的指标则主要包括雇员人数、实收资本、资产总值等。

36. 【答案】　A

【解析】对于建筑业，营业收入80000万元以下或资产总额80000万元以下的为中小微型企业。其中，营业收入6000万元及以上，且资产总额5000万元及以上的为中型企业；营业收入300万元及以上，且资产总额300万元及以上的为小型企业；营业收入300万元以下或资产总额 300 万元以下的为微型企业。

37.【答案】　C

【解析】客户关系管理起源于20世纪初，最早发展的国家是美国，在1980年初便有了"接触管理"，即专门整理、收集客户与公司联系的所有信息。

38.【答案】　C

【解析】一个普通家庭可能面对以下三种由人身风险而导致的财务风险：①因意外或疾病造成家庭主要成员身故，从而导致家庭收入大幅度减少甚至消失的风险；②由于意外或疾病导致医疗费用的大幅度增加的风险；③因意外或疾病造成家庭成员失去从事原来的工作的能力（伤残），从而导致家庭收入大幅减少甚至消失的风险。

39.【答案】　B

【解析】普通家庭的资产一般分为三类：自用性资产、投资性资产和流动性资产。B项，活期存款属于流动性资产。

40.【答案】　A

【解析】一份专业理财规划书一般由以下几方面的内容构成：①开场白；②主要内容；③其他内容。

二、多项选择题

1.【答案】　ABCE

【解析】工作收入，指家庭成员通过工作、劳务等获得的可支配收入，即完税后的收入，包括家庭成员的工资收入、年终奖、劳务收入、稿酬、个人经营所得等。D项，财产租赁所得并非通过工作和劳务所得的收入，故非工作收入。

2.【答案】　ADE

【解析】B项，家庭结余分为生活结余和理财结余两个部分，其中理财结余是指所有的理财性收入减去理财性支出得到的盈余部分；C项，自由结余是总结余减去专项结余总额，这是未经处理的结余额度，自由结余占总结余的比率过高，往往体现出较低的理财积极度。

3.【答案】　CDE

【解析】风险，简单来说就是损失发生的不确定性，这种不确定性包括损失发生与否不确定、发生时间不确定和损失的程度不确定三层含义。一般人们通常把风险理解成自然灾害和意外事故。

4.【答案】　BCDE

【解析】信用保险是以各种信用行为为保险标的的保险，主要业务种类包括：商业信用保险、出口信用保险、合同保证保险、产品保证保险、忠诚保证保险、投资保险等。A项，农业保险属于财产损失保险。

5.【答案】　BCD

【解析】告知（也称"披露"或"陈述"）是指合同订立前、订立时及在合同有效期内，要求当事人实事求是、尽自己所知、毫无保留地向对方所作的口头或书面陈述。具体而言，是投保人对已知或应知的与风险和标的有关的实质性重要事实向保险人作口头或书面的申报；保险人也应将对投保人利害相关的重要条款内容据实告知投保人。

6. 【答案】 ABC

【解析】教育投资规划是针对家庭成员的教育目标制定的财务规划，包括明确教育需求、计算学习成本、选择理财产品和储蓄、投资方案等内容。D项是财富保障与规划中风险管理的基本程序之一；E项是退休规划的流程之一。

7. 【答案】 BDE

【解析】A项，就我国现状而言，国家基本养老金计划覆盖面还有限，保障程度也较低；C项，个人养老储蓄还没有形成制度化，很多人没有对自己的养老问题作出财务制度安排。

8. 【答案】 BC

【解析】对于退休者个人而言，退休年龄直接影响退休规划的两个方面：①退休生活的时间长短所带来的退休费用多寡；②工作时长不同带来的财富累积数量的区别。

9. 【答案】 BCD

【解析】一般来说，预期投资回报率的设定与客户的年龄、学历、风险偏好、对投资工具的认识、风险承受能力等相关。但总体而言，随着客户的年龄逐渐增大，投资风格总体应趋于稳健，应当避免风险过大的投资行为。

10. 【答案】 BCDE

【解析】非系统性风险是一种与特定公司或行业相关的风险。通过分散投资，非系统性风险能被降低，而且，如果分散是充分有效的，这种风险还能被消除，因此，又称为可分散风险。非系统性风险具体包括财务风险、经营风险、信用风险、偶然事件风险等。

11. 【答案】 DE

【解析】税收的固定性包括两层含义：①税收征收总量的有限性，由于预先规定了征税的标准，政府在一定时期内的征税数量就要以此为限，从而保证税收在国民经济总量中的适当比例；②税收征收具体操作的确定性，即税法确定了课税对象及征收比例或数额，具有相对稳定、连续的特点，既要求纳税人必须按税法规定的标准缴纳税额，也要求税务机关只能按税法规定的标准对纳税人征税，不能任意降低或提高。

12. 【答案】 CDE

【解析】税收的主体是国家，税收管理的主体是代表国家的税务机关、海关或财政部门，而费的收取主体多是行政事业单位、行业主管部门等。

13. 【答案】 BDE

【解析】A项，传承的对象不仅包括财产权，而且还包括股权、管理权，等等；C项，一般而言，财富传承工具包括遗嘱、家族信托、保险等形式。

14. 【答案】 ABCDE

【解析】财富传承工具包括遗嘱、家族信托、保险等形式。其中，以遗嘱方式安排传承是最常见的方法，但遗嘱具有极大的局限性，比如遗嘱争议带来的亲人反目、财富缩水、隐私曝光，可能面临的遗产税，继承人管理财产不当或挥霍遗产，监护人道德风险等。

15. 【答案】 CDE

【解析】与大企业相比，中小企业通常由个人或少数人发起设立，人员规模、资金规模与经营规模都比较小，在经营上多半是由业主直接管理，因此企业主与企业之间关联度极高。企业主的理财规划会直接影响企业的经营，同时企业的经营情况也会直接关系到企业主的生活。

16. 【答案】 BCDE

【解析】中小企业主一般都是私营业主，在企业中具有绝对的领导地位，企业的利益与自身利益之间联系紧密，一般而言，作为群体，中小企业主的性格有以下几个特色：①以自我为中心；②做事干练，作为整体，中小企业主的门槛较低，部分中小企业主的文化水平不高，但做事讲究实效，不斤斤计较；③决策简练；④时间观念强。

17. 【答案】 ADE

【解析】客户关系管理思想和方法的诞生、发展，有着下列三个方面的因素：①社会企业经营理念的变化；②客户消费观念的改变；③信息技术的推动。

18. 【答案】 ABCD

【解析】企业经营理念经过了如下发展阶段：①产值中心论；②销售中心论；③利润中心论；④客户中心论。

19. 【答案】 CDE

【解析】21世纪初，CRM（客户关系管理）概念在中国开始传播，至今已有十几年。在这十几年中，客户关系管理理论与方法在国内企业经营中的应用经历了三个阶段：①跟风阶段（2001~2004年），也可以称为CRM1.0时代；②摸索阶段（2004~2007年），也可以称为CRM2.0时代；③回归创新阶段（2007年至今），也可以称为CRM3.0时代。

20. 【答案】 BCDE

【解析】有的发达国家理财行业要求理财师在向客户提供财务建议的时候，除能做到KYC（了解你的客户）、KYP（了解你的产品）以及提供相关信息披露，还要求把上述相关内容以书面的形式表现出来。因此，向客户提供一份完整规范的书面理财规划书也就成为理财师重要的服务内容和服务方式之一。

三、单项规划

1. （1）【答案】 D

【解析】陈夫人没有基本医疗保险，需要另行购买商业医疗保险作为有效的补充。

（2）【答案】 C

【解析】孩子处于活泼好动的小学阶段，平时发生磕碰等意外事件概率相对较高，除了有学生基本保险外还要加强对此阶段孩子的意外伤害风险的保险保障，故需要增加购买孩子的意外伤害保险。

（3）【答案】 C

【解析】人寿保险是以被保险人的寿命作为保险标的，以被保险人的生存或死亡为给付保险金条件的一种人身保险。通过购买入寿保险重点保障了可能对家庭造成巨大损失的风险，通过死亡保险金的给付可以使夫妻另一方仍然维持他（她）想要的生活水平。

（4）【答案】 A

【解析】意外伤害保险是以被保险人的身体为保险标的，以意外伤害而致被保险人身故或残疾为给付保险金条件的一种人身保险。针对陈刚经常出差情况，通过购买意外伤害保险，将意外风险转移给保险公司。

2．（1）【答案】　A

【解析】A项，韩丽丽同事的子女高等教育金筹备计划不属于韩丽丽家庭的财务信息和非财务信息的询问范围之内。

（2）【答案】　A

【解析】与教育储蓄相比，教育保险的优点在于：①客户范围广泛；②有的教育保险也可分红；③强制储蓄功能；④投保人出意外，保费可豁免。A项，保费豁免是指保单的投保人如果不幸身故或者因严重伤残而丧失缴纳保费的能力，保险公司将免去其以后要缴的保费，而领保险金的人却可以领到与正常缴费一样的保险金。这一条款对孩子来说非常重要。也正因如此，它与银行储蓄就有了本质的区别。

（3）【答案】　C

【解析】虽然有些教育保险可分红，但是也不宜多买，适合孩子的需要就够了。因为保险金额越高，每年需要缴付的保费也就越多。有的保险产品的回报率是参照购买时银行存款利率设定的，一旦银行升息，这些险种的现金回报率将低于银行存款利率。因此，投保人在选择教育保险产品的同时，还要考查产品收益是不是受银行储蓄存款利率变动的影响。

（4）【答案】　C

【解析】基金定投具有投资标的价格低时购买数量加大、价格高时购买数量减少的自动调整功能，无论市场价格如何变化，总能获得一个比较低的平均持仓成本，一定程度上平摊了建仓的成本、降低了投资的风险。

3．（1）【答案】　A

【解析】退休金需求 $PV = 8 + 8 \times (1+4\%)/(1+4\%) + 8 \times (1+4\%)^2/(1+4\%)^2 + \cdots + 8 \times (1+4\%)^{24}/(1+4\%)^{24} = 200$（万元）。

（2）【答案】　B

【解析】退休前的资金积累 $= 200000 \times (1+6\%)^{20} \approx 641427$（元）。

（3）【答案】　C

【解析】退休金缺口＝退休金需求－退休前收入＝2000000－641427＝1358573（元）。

（4）【答案】　A

【解析】（期末）年金终值的公式为：$FV = \dfrac{C[(1+r)^t - 1]}{r}$。故 $C = FV \times r/[(1+r)^t - 1] = 1358573 \times 0.06/[(1+0.06)^{20} - 1] \approx 36932$(元)。

4．（1）【答案】　B

【解析】一般而言，长期债券价格较短期债券价格对市场利率变化更敏感，当市场利率上升时，两者价格都会下降，但是长期债券价格下降幅度更大。

（2）【答案】　C

【解析】当债券价格等于面值（平价）的时候，票面利率＝即期收益率＝到期收益率。因此，到期收益率为10%。

（3）【答案】　C

【解析】根据债券定价公式，该债券的价值为：$V = (1000 \times 10\%)/(1+8\%) +$

1000/（1+8%）=1019（元）。

(4)【答案】 B

【解析】根据计算公式：900=[100/（1+y）]+1000/（1+y）]，解得 $y=22\%$。

(5)【答案】 B

【解析】根据债券的定价公式可得 $V=100/（1+12\%）+100/（1+12\%）^2+1000/（1+12\%）^2=966$（元）

5.(1)【答案】 B

【解析】张伟从事餐饮业务，属于营业税的征收范围，税率为5%。根据当地起征点的规定，月营业额在4000元以下的免征营业税；超过起征点的，应全额征税。在进行方案的选择时，利润最大的方案即为最优选择。甲方案收入（3900元）低于起征点（4000元），因此不需缴纳营业税，也不需缴纳城市维护建设税和教育费附加。利润额=3900-1000=2900（元）。

(2)【答案】 C

【解析】乙方案收入（4000元）达到起征点，应全额计算缴纳营业税：应纳营业税=4000×5%=200（元）；应纳城市维护建设税、教育费附加=200×（7%+3%）=20（元）。利润额=4000-1050-200-20=2730（元）。

(3)【答案】 C

【解析】由于丙方案收入（4100元）超过起征点，应全额纳税：应纳营业税=4100×5%=205（元）；应纳城市维护建设税、教育费附加=205×（7%+3%）=20.5（元）。利润额=4100-1100-205-20.5=2774.5（元）。

(4)【答案】 A

【解析】甲方案利润最高，因此应选择甲方案。

四、综合案例

1.【答案】 王先生家庭的资产负债表如表4所示。

表4 家庭资产负债表

客户：王先生家庭　　　日期：2015年12月31日　　　　单位：元

资产	金额	负债和净资产	金额
现金和活期存款	1000000	信用卡负债	20000
流动性资产合计	1000000	消费性负债合计	20000
定期存款	1000000		
投资性房地产	800000		
保单现金价值	600000		
投资性资产合计	2400000		
自用房产	1500000		
自用汽车	700000	负债总计	20000
自用性资产合计	2200000	净资产总计	5580000
资产总计	5600000	负债和净资产总计	5580000

2. 【答案】 王先生家庭的收入支出表如表5所示。

表5 收入支出表

客户：王先生家庭　　　日期：2015年12月31日　　　单位：元

年收入	金额	年支出	金额
工作收入		家庭生活支出	
其中：工资和薪金		其中：家庭日常生活支出	120000
王先生	240000	旅游支出	20000
奖金和佣金		子女教育支出	36000
王先生	200000	赡养支出	48000
其他劳务收入			
理财收入		理财支出	
利息收入	80000	保障保险费用	128000
租金收入	40000		
其他收入	60000		
收入总计	620000	支出总计	352000
年结余	268000		

3. 【答案】 王先生家庭的财务比率分析表如表6所示。

表6 财务比率分析表

比例	参考值	计算值	结论
结余比例	≥30%	43.23%	说明王先生家庭偿债能力较强，资产稳固性很好。同时也因流动性比率过大，给资产的增值带来压力
投资与净资产比率	≥50%	43.01%	说明王先生家庭短期偿债能力很好，但没有合理运用负债能力提高资产规模
偿付比率	≥50%	99.64%	说明王先生家庭的债务很轻，家庭综合偿债能力较强
负责比率	≤50%	0.35%	说明王先生家庭在必要的情况下可适当运用信用额度提升家庭生活水平
负责收入比率	≤40%	4.50%	说明王先生家庭的投资资产占净资产比重较少，不利于家庭资产增值
流动性比率	≥3倍	58.82%	说明王先生家庭的储蓄投资能力较强，能更好的达到理财目标

【解析】财务比率计算及分析如下：①结余比例＝年结余/年税后收入＝268000/620000×100%＝43.23%，大于参考值30%，说明王先生家庭的储蓄投资能力较强，能更好的达到理财目标；②投资与净资产比率＝投资资产/净资产＝2400000/5580000×100%＝43.01%，小于参考值50%，说明王先生家庭的投资资产占净资产比重较少，不利于家庭资产增值；

③偿付比率＝净资产/总资产＝5580000/5600000×100%＝99.64%，大于参考值50%，说明王先生家庭在必要的情况下可适当运用信用额度提升家庭生活水平；④负债比率＝负债总额/总资产＝20000/5600000×100%＝0.35%，小于参考值50%，说明王先生家庭的债务很轻，家庭综合偿债能力较强；⑤负债收入比率＝年度本息支出/年度家庭工作税后收入＝20000/440000×100%＝4.50%，小于参考值40%，说明王先生家庭短期偿债能力很好，但没有合理运用负债能力提高资产规模；⑥流动性比率＝流动性资产/每月支出＝1000000/17000＝58.82，大于参考值3，说明王先生家庭偿债能力较强，资产稳固性很好。同时也因流动性比率过大，给资产的增值带来压力。

4. 【答案】 ABE

【解析】C项，王先生的家庭目前处于成长期，子女教育金需求增加。该阶段建议依旧保持资产流动性，并适当增加固定收益类资产，如债券基金、浮动收益类理财产品。股票市场投资的风险较大，将家庭资金大部分投入可能会导致大额亏损，造成家庭财务危机；D项，王先生家庭属于高收入、高支出家庭，若突遇意外事故，可能会导致家庭财务危机。只有做好各方面的家庭理财规划才可以有保障地实现家庭的各项目标。

5. 【答案】 A

【解析】虽然金女士并非家庭收入的主要来源，但还是应考虑继续缴纳国家基本保险，并购买养老、医疗和附加重大疾病商业补充保险。

6. 【答案】 C

【解析】$N=5$，$I/YR=15\%$，$FV=180$，利用财务计算器可得 $PMT=-26.70$，因此王先生每年需要拿出 26.70 万元投资于该基金。

7. 【答案】 B

【解析】$N=10$，$I/YR=8\%$，$FV=800$，$PMT=-55.22$，因此从现在开始，王先生每年应投入 55.22 万元用于筹集 10 年后的退休费用 800 万元。

全国银行业专业人员职业资格考试热题库

《个人理财（中级）》模拟试卷（二）

一、单项选择题（共40题，每小题0.5分，共20分。以下各小题所给出的四个选项中，只有一项符合题目要求，请选择相应选项，不选、错选均不得分）

1. （   ）属于增值性的自用性资产。
   A. 投资性房产　　　B. 股票　　　　　　C. 银行活期存款　　D. 艺术品收藏

2. 家庭拥有大量现金会面临资产缩水的风险，一般而言，以（   ）左右的家庭生活支出额作为现金储备水平标准。
   A. 6个月　　　　　B. 4个月　　　　　　C. 2个月　　　　　　D. 1个月

3. 关于家庭收入支出表，说法错误的是（   ）。
   A. 需有表头
   B. 通常以月度为单位
   C. 体现了客户家庭在统计期间收入、支出的占比情况
   D. 金额和占比分别标明单位"元"，或者"万元"和百分比

4. 紧急预备金额度通常为家庭月支出的（   ）为宜。
   A. 3～6倍　　　　　B. 2～4倍　　　　　C. 2～3倍　　　　　D. 1～2倍

5. 小王与朋友合伙购买了一辆卡车，小王负责驾驶与经营，他为车投保了第三者责任险和车损险，并指定自己为受益人。不久，小王在一次交通意外中死亡，车辆全损，则（   ）。
   A. 保险公司不赔，因为小王已死亡
   B. 保险公司赔付，保险金给小王的朋友
   C. 保险公司不赔，因为小王与朋友合伙购车
   D. 保险公司赔付，因为小王负责驾驶经营，有可保利益

6. 吴丽丽与朋友到华山旅游，结果不幸跌下山崖，导致右腿骨折，在山下等待救援时因天气寒冷感染肺炎死亡，在其死亡后，吴丽丽的家人发现了一份意外险保单，则（   ）。
   A. 赔一部分，因为吴丽丽不全因为意外死亡
   B. 全赔，因为是意外导致其感染肺炎
   C. 不赔，因为是寒冷导致其感染肺炎
   D. 不赔，肺炎是意外险的除外责任

7. 人寿保险中的被保险人是（   ）。
   A. 自然人或法人　　B. 自然人　　　　　C. 成年人　　　　　D. 法人

8. 甲企业以500万元的固定资产价值为投保对象，向乙保险公司投保了250万元的财

产险，同时该企业又以同样的固定资产向乙保险公司投保了 500 万元财产险。则该企业的保险方式属于（   ）。
   A. 重复保险   B. 共同保险   C. 再保险   D. 原保险

9. 郑力作为医师刚刚开始执业，由于从事的治疗是新技术，受到客户质疑的可能性较大。郑力最需要的保险产品为（   ）。
   A. 长期重大疾病保险   B. 产品责任保险
   C. 职业责任保险   D. 普通医疗保险

10. 在协助客户准备投保单据的时候，保险公司经理发现客户的年龄超过了预投保险品种的承保年龄上限，这时保险公司经理应该（   ）。
    A. 如实告知，并放弃此客户
    B. 忽略这一信息，继续准备单据
    C. 如实告知，并建议客户选择其他保险产品
    D. 如实告知，并建议客户虚报年龄投保此产品

11. 客户对保险"禁止反言"的原则通常很难理解，保险公司在解释这一概念时应注意强调这一原则在保险实践中主要用于约束（   ）。
    A. 被保险人   B. 保险人   C. 受益人   D. 投保人

12. 由于教育投资周期较长，大额提取往往发生在后期子女读大学期间，有的家长在前期家庭遇到临时财务困难或有其他大额消费时，难免会动用子女的教育储蓄投资。这违背了进行教育投资规划时，应遵循的（   ）原则。
    A. 稳健投资   B. 专款专用   C. 从宽预计   D. 提前规划

13. 冯女士准备以现有资金作为启动资金，为准备孩子的教育费用进行投资。则以下投资组合中最为合理的是（   ）。
    A. 80%的股票，20%的债券型基金
    B. 60%的股票，30%的股票型基金，10%的国债
    C. 50%的货币型基金，50%的定期存款
    D. 30%的股票型基金，40%的分红基金，30%的债券型基金

14. 下列不属于国家助学贷款基金允许使用的范围的是（   ）。
    A. 医疗费用   B. 住宿费用   C. 生活费   D. 学费

15. 下列各项贷款中，贷款条件最苛刻的是（   ）。
    A. 一般商业性助学贷款   B. 出国留学贷款
    C. 住房贷款   D. 汽车信贷

16. 郑老计划在60岁退休的时候储备一笔资金，以确保自己一直到85岁时每个月初都能拿到3000元的生活费，如果他的收益率能够达到4%，则他需要在退休的时候储备（   ）元的退休基金。
    A. 570251.97   B. 568357.45   C. 496715.79   D. 495065.57

17. 企业年金不仅仅要由企业和职工个人共同缴纳，而且缴纳金额也有一定限制，某企业上年度职工工资总额为600万元，则根据我国劳动和社会保障部颁发的《企业年金试行办法》规定，企业和职工个人缴费合计不超过（   ）万元。

A. 170　　　　　B. 150　　　　　C. 125　　　　　D. 100

18. 关于以下两种说法：①资产组合的收益是资产组合中单个证券收益的加权平均值；②资产组合的风险总是等同于所有单个证券风险之和。下列选项正确的是（　　）。
    A. ①和②都不正确　　　　　　　B. ①和②都正确
    C. 仅②正确　　　　　　　　　　D. 仅①正确

19. 一个投资组合风险大于平均市场风险，则它的β值可能为（　　）。
    A. 1.1　　　　　B. 1　　　　　C. 0.9　　　　　D. 0.3

20. 无风险收益率为5%，市场期望收益率为10%的条件下：A证券的期望收益率为12%，β系数为1.1；B证券的期望收益率为15%，β系数为1.2；那么投资者的投资策略为（　　）。
    A. 买进A证券和B证券　　　　　B. 买进A证券或B证券
    C. 买进B证券　　　　　　　　　D. 买进A证券

21. 如果风险的市值保持不变，则无风险利率的下降会（　　）。
    A. 使SML旋转　　　　　　　　　B. 使SML平行移动
    C. 使SML的斜率减少　　　　　　D. 使SML的斜率增加

22. 叶女士持有的短期国债收益率为每年4%，目前上证综合指数的预期收益率为每年9%，她打算在权益资产方面也做适当配置，最近一直在观察某只股票，并刚刚开始建仓，该股票的年收益率预期为10%，价格为100元，而该股票的β值为0.8，那么她应该（　　）该股票。
    A. 无法判断　　　B. 继续买入　　　C. 持仓不动　　　D. 迅速卖出

23. 证券X实际收益率为0.12，贝塔值是1.5。无风险收益率为0.05，市场期望收益率为0.12。根据资本资产定价模型，这个证券（　　）。
    A. 价格无法判断　B. 定价公平　　　C. 被高估　　　　D. 被低估

24. 套利定价理论（APT）是描述（　　）但又有别于CAPM的均衡模型。
    A. 套利的成本　　　　　　　　　B. 资产的合理定价
    C. 在一定价格水平下如何套利　　D. 利用价格的不均衡进行套利

25. 资产配置中，战略性资产配置主要是指以（　　）为基础，构造一定风险水平上的资产比例，并长期保持不变。
    A. 不同资产类别的收益情况与投资者的风险偏好、实际需求
    B. 风险和收益特征
    C. 市场的短期变化
    D. 风险特征

26. 下列关于资产配置的说法，错误的是（　　）。
    A. 不同范围资产配置在时间跨度上往往不同
    B. 战术资产配置存在增加长期价值的潜在机会，且风险很小
    C. 行业资产配置的时间最短，一般根据季度周期或行业波动特征进行调整
    D. 战略性资产配置策略以不同资产类别的收益情况与投资者的风险偏好、实际需求为基础

27. 纳税人进行税务规划的基本方法不包括（　　）。
    A. 利用免税筹划　　　　　　　　B. 分劈技术
    C. 纳税期的递延　　　　　　　　D. 税收负担的逃避
28. 对实行累进税率的企业所得进行税收筹划，可用方法是（　　）。
    A. 使用分劈技术，将所得、财产在两个或更多个纳税人之间进行分劈
    B. 集中收入，以提高每次的应税所得
    C. 尽量降低收入总额
    D. 隐瞒收入
29. 税负转嫁筹划的特点不包括（　　）。
    A. 非经济行为　　　　　　　　　B. 不影响财政收入
    C. 以价格为主要手段　　　　　　D. 促进企业改善管理、改进技术
30. 李强由于车祸死亡，生前并没有立遗嘱，请问他的遗产应当按照（　　）方式继承。
    A. 推定继承　　B. 抚养继承　　C. 协商继承　　D. 法定继承
31. 转继承与代位继承的区别不包括（　　）。
    A. 法律效力不同　B. 适用范围不同　C. 性质不同　　D. 主体不同
32. 下列遗嘱形式中，不须有见证人在场见证的遗嘱是（　　）。
    A. 自书遗嘱　　B. 代书遗嘱　　C. 口头遗嘱　　D. 录音遗嘱
33. 财富传承工具不包括（　　）。
    A. 财产赠与合同　B. 人寿保险信托　C. 家族信托　　D. 遗嘱
34. 祖父母、外祖父母属于第二顺序继承人，祖父母、外祖父母享有继承权，其继承方式不包括（　　）。
    A. 代位继承　　B. 法定继承　　C. 遗嘱继承　　D. 转继承
35. 甲宾馆服务人员9人，营业收入为80万，根据《关于印发中小企业划型标准规定的通知》的规定，该宾馆属于（　　）。
    A. 微型企业　　B. 小型企业　　C. 中型企业　　D. 大型企业
36. 在企业经营过程中，中小企业主往往采用（　　）形式来经营，且企业的商业伙伴比较集中，因此面临来自于这两个方面的信用风险对中小企业主影响巨大。
    A. 无限责任　　B. 有限责任　　C. 个人独资　　D. 合伙
37. 精明生意人的资产及投资特征不包括（　　）。
    A. 可投资金融资产总量不多
    B. 大多属于风险厌恶投资者
    C. 较多进行股票和不动产投资
    D. 对私人银行服务及创新产品均有较多的了解
38. 中小企业理财的特点不包括（　　）。
    A. 财务管理需求强烈　　　　　　B. 风险隔离要求规范
    C. 资产保值需求强烈　　　　　　D. 企业融资需求迫切
39. 中小企业的融资需求特点不包括（　　）。
    A. 信用高　　　B. 额度小　　　C. 频率高　　　D. 周期短

40. 根据经验法则,资产负债率的范围宜在( )。
    A. 20%~40%   B. 20%~50%   C. 30%~50%   D. 30%~60%

二、多项选择题(共20题,每小题1分,共20分。以下各小题所给出的五个选项中,只有两项或两项以上符合题目要求,请选择相应选项,不选、错选均不得分)

1. 流动性资产主要以现金的方式存在,主要有( )的特征。
   A. 可用于短期债务的偿还   B. 可以提供使用价值
   C. 必要时可以变卖套现   D. 利息收入低
   E. 流动性强

2. 一般而言,以6个月左右的家庭生活支出额作为现金储备水平标准,这里所指的生活支出包括( )。
   A. 旅游支出   B. 保险支出
   C. 还贷支出   D. 娱乐支出
   E. 教育支出

3. 关于投资性资产,说法正确的有( )。
   A. 是客户最重要的"资本"
   B. 主要目的为长期的收益和资本利得
   C. 长期资本升值和收益有一定的预见性
   D. 不具有流动性
   E. 出售套现会影响客户的生活品质

4. 投资性资产包括( )。
   A. 股票   B. 私家车
   C. 基金投资   D. 自用住房
   E. 艺术品收藏

5. 风险管理的技术可以分为( )风险管理技术。
   A. 自留型   B. 消除型
   C. 经济型   D. 财务型
   E. 控制型

6. 财务型风险管理技术主要包括哪些方法?( )
   A. 消除风险   B. 分散风险
   C. 自留风险   D. 保险转移
   E. 非保险转移

7. 教育贷款是教育费用重要的筹资渠道,我国的教育贷款政策主要包括哪些形式?( )
   A. 一般性商业助学贷款   B. 地方政府助学贷款
   C. 企业助学贷款   D. 国家助学贷款
   E. 学校学生贷款

8. 我国养老金发放过低受困于哪些方面？（　　）
   A. 双轨制运行使得养老金替代率呈现分化态势
   B. 养老金调整机制缺失
   C. 养老金来源的单一化
   D. 国民收入水平低
   E. 财政支付水平低

9. （　　）可以视为固定收益类资产。
   A. 普通股股票   B. 银行存款
   C. 公司债券   D. 国际债券
   E. 国债

10. 我国的货币政策目标包括（　　）。
    A. 充分就业   B. 平衡国际收支
    C. 促进经济增长   D. 有效促进金融监督
    E. 保持货币币值稳定

11. 下列关于税收制度的说法，正确的是（　　）。
    A. 是国家货币制度的主要内容
    B. 反映国家与纳税人之间的经济关系
    C. 包括税种的设计、各个税种的具体内容
    D. 是国家以法律或法令形式确定的各种课税办法的总和
    E. 是国家以法律形式规定的各种税收法令和征收管理办法的总称

12. 税目的两种设置方法是（　　）。
    A. 实验法   B. 列举法
    C. 概括法   D. 归纳法
    E. 模拟法

13. 下列国家及地区中，哪些已经取消了遗产税？（　　）
    A. 美国   B. 挪威
    C. 新加坡   D. 澳大利亚
    E. 中国香港

14. 下列关于遗嘱继承的表述，不正确的是（　　）。
    A. 遗嘱继承是指法定继承的对称
    B. 发生遗嘱继承的法律事实构成包括三个方面
    C. 继承人、继承人的顺序、继承人继承的遗产份额等都是由被继承人在遗嘱中指定
    D. 遗嘱可以由他人代为设立
    E. 遗嘱人死亡前，遗嘱继承人不享有主观意义上的继承权

15. 中小企业获利能力分析的指标包括（　　）。
    A. 实收资本利润率   B. 净资产利润率
    C. 已获利息倍数   D. 销售净利润率
    E. 基本获利率

16. 信用期的制定还需要考虑赊账企业的信用标准，一般通过"5C"系统进行，"5C"指（   ）。
    A. 抵押品
    B. 条件
    C. 品质
    D. 能力
    E. 资本

17. 关于客户投诉处理的方法和技巧有许多，在具体实践中理财师应该做到（   ）。
    A. 为保护商业秘密，处理流程不应告知客户
    B. 客户投诉处理方法应该标准化、流程化
    C. 后处理事件
    D. 先处理感情
    E. 行动迅速

18. 理财师应在服务过程中和客户一起进行沟通并调整相应的理财目标，其中，对主要收入项的调整内容可以是（   ）。
    A. 固定收入
    B. 退休年龄
    C. 不固定收入
    D. 收入增长率
    E. 子女教育规划

19. 客户的风险属性一般分为（   ）。
    A. 家庭层面
    B. 风险认知度层面
    C. 资金承受能力层面
    D. 风险容忍态度层面
    E. 风险承受能力层面

20. 一份标准专业理财规划书应具备的主要特点有（   ）。
    A. 完整性
    B. 可读性
    C. 实用性
    D. 一致性
    E. 通俗性

三、单项规划（共5个规划题，每个规划题6分，共30分。下列选项中至少有一项符合题目要求，多选、少选、错选均不得分）

1. 保险规划

2015年，李刚在国家扩大内需政策的鼓舞下，购买了一辆价值10万元的小轿车。深知交通事故风险的李刚找到甲财产险公司为其爱车投保了一份保险金额为5万元的财产险。投保后不久，李刚感觉投保金额太低，于是他又找到乙、丙财产险公司为其爱车投保了财产险，保险金额分别为10万元和15万元，这样李刚就"放心了"。

根据以上材料回答（1）~（4）题。

(1) 假如李刚的爱车发生事故，并且全损，李刚最多可以获得（   ）万元的赔偿。(1分)
    A. 20
    B. 15
    C. 10
    D. 5

(2) 接上题，对于财产保险的赔偿，下列说法正确的是（   ）。(1分)
    A. 应保证保险人不能获利的原则

B. 应遵循投保多少补偿多少的原则
C. 应遵循损失多少补偿多少的原则
D. 应遵循"多投多赔，少投少赔"的原则

(3) 假如李刚的爱车发生事故，并且全损，按照我国《保险法》的规定，甲、乙、丙财产保险公司应各赔偿（　　）。(2分)
A. 1.67万元、3.33万元、5万元　　　B. 2.5万元、5万元、2.5万元
C. 3.33万元、3.33万元、3.33万元　　D. 5万元、10万元、15万元

(4) 假如李刚的爱车发生事故，损失6万元，按照顺序责任制的赔偿方式，甲、乙、丙财产保险公司应各赔偿（　　）。(2分)
A. 1万元、2万元、3万元　　　　　　B. 2万元、2万元、235元
C. 3万元、6万元、12万元　　　　　　D. 5万元、1万元、0万元

2. 教育规划

张国庆的儿子今年7岁，预计18岁上大学，根据目前的教育消费，大学四年学费为5万元，假设学费上涨率为6%，张国庆现打算用12000元作为儿子的教育启动资金，这笔资金的年投资收益率为10%。

根据以上材料回答（1）~（3）题。

(1) 张国庆的儿子上大学所需学费为（　　）元。(2分)
A. 94914.93　　B. 81572.65　　C. 79063.21　　D. 78415.98

(2) 如果张国庆没有后期投入，则儿子的大学费用缺口为（　　）元。(2分)
A. 68412.96　　B. 65439.84　　C. 60677.53　　D. 58719.72

(3) 由于张国庆最近需要大笔支出，因此决定把12000元启动资金取出应急，变更计划为每月固定存款筹备费用，假定该存款年收益率为5%，则张国庆每月需储蓄（　　）元。(2分)
A. 540.81　　B. 523.16　　C. 510.90　　D. 487.62

3. 退休养老规划

冯建国今年40岁，打算60岁退休，预计他可以活到85岁，考虑到通货膨胀的因素，退休后每年生活费大约需要15万元（岁初从退休基金中提取）。冯建国拿出15万元储蓄作为退休基金的启动资金（40岁初），并打算以后每年年末投入一笔固定的资金。冯建国在退休前采取较为积极的投资策略，假定年回报率为9%；退休后采取较为保守的投资策略，假定年回报率为6%。

根据以上材料回答（1）~（6）题。

(1) 冯建国退休后余年为（　　）年。(1分)
A. 27　　B. 26　　C. 25　　D. 24

(2) 冯建国在60岁的时候需要准备（　　）元退休金才能实现他的养老目标。(1分)
A. 1917503　　B. 1355036　　C. 1278336　　D. 560441

(3) 冯建国拿出15万元储蓄作为退休基金的启动资金（40岁初），到60岁的时候这笔储蓄会变成（　　）元。(1分)
A. 1555036　　B. 1355036　　C. 1255036　　D. 840662

(4) 由于冯建国有 15 万元储蓄作为退休基金的启动资金，不考虑退休基金的其他来源，那么冯建国在 60 岁时退休基金的缺口是（　　）元。(1 分)
   A. 1076841   B. 960441   C. 855036   D. 755036

(5) 冯建国每年还应投入（　　）元资金才能弥补退休基金的缺口。(1 分)
   A. 21048   B. 125536   C. 294595   D. 1055036

(6) 若冯建国将 15 万元的启动资金用于应付某项突发事件，则冯建国需要修改自己的退休规划。若假设冯建国希望保持退休后的生活水平，那么冯建国需要增加每年对退休基金的投入额，新的每年的投入额是（　　）元。(1 分)
   A. 39459   B. 37480   C. 12554   D. 10506

4. 投资规划

客户李海波投资经验比较丰富，近日精选了一项投资计划 A，根据估算，预计如果现在投资 268 元，未来第一年会回收 90 元，第二年回收 120 元，第三年回收 150 元。与之相比，同期市场大盘平均收益率为 12%，无风险收益率为 6%。但李海波认为计划 A 还是不能达到其理想的效果，遂咨询理财师。

根据以上材料回答（1）～（4）题。

(1) 根据计划 A 的收益预期，可计算出其预期收益率为（　　）。(2 分)
   A. 16.56%   B. 15.62%   C. 14.92%   D. 13.93%

(2) 把计划 A 当作一只股票，根据已知数据，计算 A 的 β 系数为（　　）。(1 分)
   A. 1.49   B. 1.78   C. 2.55   D. 2.62

(3) β 系数是对于构建投资组合的重要指标，关于 β 系数下列说法不正确的是（　　）。(2 分)
   A. 实践中的 β 值难以确定
   B. 个人资产的风险溢价与 β 系数成正比例
   C. β 系数表示了某证券对市场组合方差的贡献率
   D. 只有单只证券才可将 β 系数作为风险的合理测定

(4) 考虑到计划 A 的风险问题，李海波希望建立计划 A 与短期国债的投资组合，所期望的最低报酬率为 9%，则短期国债在组合中的比例应为（　　）。(1 分)
   A. 46.56%   B. 55.62%   C. 66.37%   D. 74.92%

5. 税务规划

某公司是一家生产性企业，年不含税销售额一直保持在 100 万元左右。该公司年不含税外购货物额为 65 万元左右。

根据以上材料回答（1）～（5）题。

(1) 某公司如果作为增值税小规模纳税人，适用的征收率为（　　）。(1 分)
   A. 17%   B. 5%   C. 4%   D. 3%

(2) 某公司如果作为增值税一般纳税人，适用的税率为（　　）。(1 分)
   A. 33%   B. 17%   C. 6%   D. 4%

(3) 某公司如果作为增值税小规模纳税人，缴纳的增值税为（　　）万元。(1 分)
   A. 3   B. 4   C. 5   D. 17

（4）某公司如果作为增值税一般纳税人，缴纳的增值税为（　　）万元。(1分)
　　A. 17　　　　　　B. 6　　　　　　C. 5.95　　　　　　D. 4
（5）为了节税，某公司应当采取的方法是（　　）。(2分)
　　A. 按照税法的要求建立健全财务和会计核算制度，申请成为增值税一般纳税人
　　B. 申请成为小规模纳税人
　　C. 向税务局提出减税申请
　　D. 申请税收优惠

四、综合案例（30分）

杨先生夫妇都是研究生毕业的医生，杨先生31岁，太太30岁，杨先生每月收入15000元，太太8500元。有一个2岁的可爱宝宝，目前的开销还不大，由父母带养，每月支出大概1000元；家庭的每月基本生活开销维持在7000元左右，有一套90平米的房子，房款80万中，首付20%，剩余部分采取每月等额本息还款方式，每月还款2700元，房屋物业管理费每月250元。年终，杨先生和太太还可以拿到总共100000元的奖金。

另外，杨先生家庭有15万元的定期存款和5万元的活期存款，都存放在银行。

目前，杨先生想在10年内换一套大一些的住房，以便将来接父母同住。

根据以上材料回答下列7题。

1. 填写客户资产负债表。（在带有底色的单元格处填写，每空0.5分，共4分）

表1　家庭资产负债表

客户：杨先生家庭　　　日期2015年12月31日　　　　　　　　　　单位：元

资产	金额	负债与净资产	金额
活期存款		住房贷款	
定期存款		负债合计	
自住房			
		净资产	
资产总计		负债与净资产总计	

2. 填写收入支出表。（在带有底色的单元格处填写，每空0.5分，共5分）

表2　收入支出表

客户：杨先生家庭　　　日期2015年12月31日　　　　　　　　　　单位：元

年收入	金额	年支出	金额
工资类收入		日常生活支出	
杨先生		子女开销	
杨太太		房贷支出	
年终奖金		物业管理费	
收入总计		支出总计	
年结余			

3. 填写客户财务比率表,并勾选财务比率分析结论。(每空1分,每条连线0.5分,共9分)

表3 财务比率分析表

比例	参考值	计算值			结论
结余比例	≥30%		●	●	说明杨先生家庭的投资资产极少,投资能力不强
投资与净资产比率	≥50%		●	●	说明杨先生家庭的债务负担较重
偿付比率	≥50%		●	●	说明杨先生家庭的资产流动性较高,家庭资产管理能力不足
负责比率	≤50%		●	●	说明杨先生家庭控制支出的能力和储蓄意识较强
负责收入比率	≤40%		●	●	说明杨先生家庭的短期偿债能力较强,短期不会发生财务危机
流动性比率	≥3倍		●	●	说明杨先生家庭的偿债能力相对较弱

4. 下列关于杨先生家庭所属生命周期的说法,正确的有(   )。(多项选择题,2分)
   A. 该时期子女教育金需求增加,购房、购车贷款仍保持较高需求,成员收入稳定,家庭风险承受能力进一步提升
   B. 该阶段建议进一步提升资产安全性,将80%以上资产投资于储蓄及固定收益类理财产品,同时购买长期护理类保险
   C. 该阶段建议以资产安全为重点,保持资产稳定收益回报,进一步增加固定收益类资产的比重,减少持有高风险资产
   D. 养老金的筹措是该阶段的主要目标,家庭收入处于巅峰,支出降低,财富积累加快
   E. 该阶段建议依旧保持资产流动性,并适当增加固定收益类资产,如债券基金、浮动收益类理财产品

5. 关于杨先生一家保险规划的说法错误的是(   )。(单项选择题,2分)
   A. 应该优先给杨先生购买保险
   B. 杨先生孩子的保额应当最大
   C. 不能因为参加社会保障就忽视商业保险
   D. 杨先生应当综合考虑购买人寿险、意外险和健康险等

6. 投资规划。(单选题,每题2分,共6分)
   (1) 杨先生想在10年内换一套复式楼160平米的新房以便跟父母一同居住。现在160平米左右的复式楼房大约为每平米20000元,房价每年增长9%,10年后,杨先生的目标住房的价格将会是多少?(   )
   A. 3438260.1元   B. 3448264.1元   C. 7575563.8元   D. 7844342.7元
   (2) 如果首付30%,贷款70%,按揭20年,贷款利率为6.81%,10年后杨先生将每月末要为新房子定额还款多少钱?(   )
   A. 39651.1元   B. 39869.4元   C. 40282.1元   D. 40510.7元

(3) 杨先生想用每年的奖金作投资用以10年后为新房子付首付，那么杨先生的奖金的必要投资收益率是多少？（　　）

A. 14.5%　　　　　B. 15.1%　　　　　C. 17.3%　　　　　D. 18.0%

7. 退休目标是指人们所追求的退休之后的一种生活状态。确定退休目标需要客户决定（　　）。（单项选择题，2分）

A. 退休金数量、退休年龄
B. 退休后消费支出结构、退休年龄
C. 退休年龄、退休后的生活方式和水平
D. 退休后收入来源、退休后生活质量要求

模拟试卷（二）参考答案及解析

一、单项选择题

1. 【答案】　D

【解析】自用性资产包括增值性的资产和非增值性的资产。其中，增值性资产包括自用住房、空置或者用于度假（不产生收入）的房产、艺术品收藏等。AB 两项属于投资性资产；C 项属于流动性资产。

2. 【答案】　A

【解析】一般而言，以6个月左右的家庭生活支出额作为现金储备水平标准，根据客户的具体情况可以酌量增减。这里所指的生活支出必须是包括客户家庭所有的支出，包括还贷支出、保险支出、教育支出等比较刚性的支出。

3. 【答案】　B

【解析】收入支出表通常以年度为单位（也可以用季度、月度）。

4. 【答案】　A

【解析】理财师通常会要求客户建立紧急预备金账户，并保持较高的流动性；紧急预备金额度通常为家庭月支出的3~6倍，以抵御家庭收入突然中断或突发性大笔支出的风险。

5. 【答案】　D

【解析】可保利益是保险合同关系成立的根本前提和依据，题中小王与朋友合伙买车且负责驾驶与经营，具有可保利益，保险合同成立，保险公司应该理赔。

6. 【答案】　B

【解析】对于多种原因造成的损失，持续地起决定或有效作用的原因为近因。如果该近因属于保险责任范围内，保险人就应当承担保险责任。该题中，意外为近因，保险公司仍然承担偿付责任。

7. 【答案】　A

【解析】被保险人是指其财产或者人身受保险合同保障，享有保险金请求权的人。人寿保险的被保险人可以是自然人，也可以是法人。

8. 【答案】　A

【解析】重复保险，指投保人对于同一个保险标的、同一保险利益，在同一期间就同一

保险责任，分别向两家或两家以上的保险公司订立且保额总和超过保险价值的保险合同。根据《保险法》规定，财产保险中，重复保险的保险金额总和超过保险价值的，各保险公司的赔偿金额的总和不得超过保险价值。

9. 【答案】 C

【解析】职业责任保险承保各种专业技术人员因工作上的疏忽或过失致使他人遭受损害的经济赔偿责任。专业技术人员包括医生、律师、会计师、工程师、设计师等，职业责任保险一般由提供专业技术服务的单位如医院、设计院、会计事务所或律师事务所等向保险公司投保。

10. 【答案】 C

【解析】投保人在投保单中所填写的内容会影响保险合同的效力。如果投保人在投保单中告知不实，在保险单上又没有修正，保险人即可以投保人未遵循保险合同的最大诚信原则为由，在规定的期限内解除合同。

11. 【答案】 B

【解析】禁止反言也称"禁止抗辩"，是指保险合同一方既然已放弃他在合同中的某种权利，将来不得再向他方主张这种权利。事实上，无论是保险人还是投保人，如果弃权，将来均不得重新主张。但在保险实践中，它主要用于约束保险人。

12. 【答案】 B

【解析】专款专用是教育金储备过程中应该遵循的重要原则。因为资源稀缺、变化多，挪用的教育金在许多时候难以如数及时补齐。因此，设立教育资金专门储蓄、投资账户，可以有效避免由于客户定力不够在遇到一些临时经济困难时，中途把教育金用于其他用途，造成子女需继续深造的时候资金不足的情况。

13. 【答案】 D

【解析】在众多投资理财产品中，基金是教育投资规划比较常用的工具。基金产品作为教育投资的工具，具有品种选择多、专家理财、灵活方便、定期定额投资的优势。AB 两项，由于子女教育时间弹性很小，基于稳健性原则，理财师制定子女教育规划时并不鼓励客户投资于风险过高的股票；C 项，安全性和流动性很高，但收益性比较低。

14. 【答案】 A

【解析】国家助学贷款实行专款专用原则，专款专用是指国家助学贷款基金允许用于支付学费、住宿费和生活费用，不可用于其他方面，银行通过分次发放的方式予以控制。

15. 【答案】 B

【解析】出国留学贷款是指商业银行向出国留学人员本人、配偶或其直系亲属发放的，用于支付出国留学人员学费、基本生活费等必需费用的个人贷款。一般来说，出国留学贷款的额度不超过国外留学学校录取通知书或其他有效入学证明上载明的报名费、一年内的学费、生活费及其他必需费用的等值人民币总和，最高不超过 50 万元人民币。但是，留学贷款相比国内住房信贷、汽车信贷条件要苛刻得多，手续也比较复杂。

16. 【答案】 A

【解析】在退休的时候储备的退休基金额度 = $3000 \times (P/A, 4\%/12, 300) \times (1 + 4\%/12) = 570251.97$（元）。

17. 【答案】 D

【解析】企业缴费和员工个人缴费的比例由双方协商决定。在缴费额度方面,《企业年金试行办法》中规定：企业缴费每年不超过本企业上年度员工工资总额的1/12；企业和员工个人缴费合计一般不超过本企业上年度员工工资总额的1/6。本题中，该企业上年度职工工资总额为600万元，所以企业和职工缴费合计不超过 $600 \times 1/6 = 100$（万元）。

18. 【答案】 D

【解析】假设有 n 种证券，资产组合的预期收益率就是组成该组合的各种资产的预期收益率的加权平均数，权数是投资于各种证券的资金占总投资额的比例。用公式表示为：$\overline{R}_P = \sum_{i=1}^{n} X_i \overline{R}_i$。其中：$X_i$ 是投资于 i 证券的资金占总投资额的比例或权数，$\overline{R}_i$ 是证券 i 的预期收益率。而 n 个证券组合的风险资产组合的风险（用标准差表示）的计算就不能简单地把组合中每个证券的标准差进行加权平均而得到，其计算公式为：$\sigma_P^2 = \sum_{i=1}^{n}\sum_{j=1}^{n} X_i X_j COV(R_i, R_j) = \sum_{i=1}^{n}\sum_{j=1}^{n} X_i X_j \sigma_i \sigma_j \rho_{ij}$。公式中：$\sigma_P^2$ 为资产组合 P 的方差；ρ_{ij} 为相关系数。

19. 【答案】 A

【解析】β 系数是特定资产（或资产组合）的系统性风险度量。全体市场本身的 β 系数为1，若资产组合净值的波动大于全体市场的波动幅度，则 β 系数大于1。反之，若资产组合净值的波动小于全体市场的波动幅度，则 β 系数就小于1。

20. 【答案】 A

【解析】根据 CAPM 模型，A 证券：$5\% + (10\% - 5\%) \times 1.1 = 10.5\%$，因为 $12\% > 10.5\%$，所以 A 证券价格被低估，应买进；B 证券：$5\% + (10\% - 5\%) \times 1.2 = 11\%$，因为 $15\% > 11\%$，所以 B 证券价格被低估，应买进。

21. 【答案】 B

【解析】证券市场线（SML）方程为 $\overline{R}_i = R_f + (\overline{R}_M - R_f)\beta_i$，无风险利率为纵轴的截距，则当无风险利率下降，风险的市值不变时，即 $(\overline{R}_M - R_f)\beta_i$ 不变，SML 会平行移动。

22. 【答案】 D

【解析】该股票的理论收益率 $= R_f + \beta[E(R_M) - R_f] = 4\% + 0.8 \times (9\% - 4\%) = 8\%$，小于该股票的年预期收益率 10%，所以该股票价格被低估，应该买入。

23. 【答案】 C

【解析】期望收益率 $= R_f + \beta[E(R_M) - R_f] = 0.05 + 1.5 \times (0.12 - 0.05) = 0.155$，其大于证券的市场期望收益率 0.12，说明该证券价格被高估。

24. 【答案】 B

【解析】与从投资者有效投资组合的结构分析出发的资本资产定价理论不同，罗斯的套利定价理论（APT）完全另起炉灶。套利定价理论不再追寻什么样的投资组合更为有效，而是从产生股票收益过程的性质中推导回报。

25. 【答案】 A

【解析】战略性资产配置策略以不同资产类别的收益情况与投资者的风险偏好、实际需求为基础，构造一定风险水平上的资产比例，并长期保持不变。战术性资产配置则是在战略资产配置的基础上根据市场的短期变化，对具体的资产比例进行微调。

26．【答案】 B

【解析】B项，战术性资产配置是在战略资产配置的基础上根据市场的短期变化，对具体的资产比例进行微调。

27．【答案】 D

【解析】"税收负担的逃避"即逃税，属违法行为，不属于税务规划的基本方法。A项，利用免税筹划是指在合法、合理的情况下，使纳税人成为免税人，或使纳税人从事免税活动，或使征税对象成为免税对象而免纳税收的税务规划方法；B项，分劈技术是指在合法、合理的情况下，使所得、财产在两个或更多个纳税人之间进行分劈而直接节税的税务规划技术；C项，纳税期的递延是指在合法、合理的情况下，使纳税人延期缴纳税收而节税的税务规划方法。

28．【答案】 A

【解析】分劈技术，是指在合法、合理的情况下，使所得、财产在两个或更多个纳税人之间进行分劈而直接节税的税务规划技术。出于调节收入等社会政策的考虑，许多国家的所得税和一般财产税通常都会采用累进税率，计税基数越大，适用的最高边际税率也越高。使所得、财产在两个或更多个纳税人之间进行分劈，可以使计税基数降至低税率级次，从而降低最高边际适用税率，节减税收。

29．【答案】 A

【解析】税负转嫁是指纳税人为了达到减轻税负的目的，通过价格的调整和变动，将税负转嫁给他人承担的经济行为。税负转嫁筹划的主要特点如下：纯经济行为，以价格为主要手段，不影响财政收入，促进企业改善管理、改进技术。

30．【答案】 D

【解析】法定继承又称为无遗嘱继承或非遗嘱继承，是指全体继承人按照继承法规定的继承人范围、继承人顺序、遗产分配原则等继承遗产的一种继承方式。当被继承人生前未立遗嘱处分其财产或遗嘱无效时，应按法定继承的规定继承。

31．【答案】 A

【解析】转继承与代位继承的区别包括：①性质不同；②发生的时间和条件不同；③主体不同；④适用的范围不同。

32．【答案】 A

【解析】自书遗嘱指遗嘱人亲笔书写的遗嘱。这种方式简便易行，而且可以保证内容真实，便于保密。其制作应符合如下要求：①须由遗嘱人亲笔书写下其全部内容，要用笔写下来；②须是遗嘱人关于嗣后财产处置的正式意思表示；③须由遗嘱人签名；④须注明了年月日。BCD三项，根据继承法的规定，代书遗嘱、录音遗嘱、口头遗嘱都必须有两个以上的见证人在场见证。

33．【答案】 A

【解析】财富传承工具的选择关系到财富传承的安全、成本和效率。一般而言，财富传承工具包括遗嘱、家族信托、保险等形式。

34．【答案】 A

【解析】代位继承又称间接继承，是指被继承人的子女先于被继承人死亡时，由该先于被继承人而死的晚辈直系血亲代替其位继承被继承人遗产的一种法定继承方式。被代位人需是被继承人子女及其直系辈亲属。

35. 【答案】 A

【解析】对于住宿业，从业人员300人以下或营业收入10000万元以下的为中小微型企业。其中，从业人员100人及以上，且营业收入2000万元及以上的为中型企业；从业人员10人及以上，且营业收入100万元及以上的为小型企业；从业人员10人以下或营业收入100万元以下的为微型企业。

36. 【答案】 D

【解析】在企业经营过程中，中小企业主往往采用合伙形式来经营，且企业的商业伙伴比较集中，因此面临来自于这两个方面的信用风险对中小企业主影响巨大。此外，企业的组织形式也会给中小企业主带来风险。如果企业采用无限责任公司的形式，那么中小企业主将会对企业的债务承担连带责任。如果采用有限责任公司的形式，注册资金不实、利用公司的设立、变更逃避债务、财产混同、业务混同也会造成对公司债务承担连带责任。

37. 【答案】 B

【解析】B项，精明生意人虽然可投资金融资产总量不多，他们普遍有比较高的风险偏好。

38. 【答案】 C

【解析】中小企业理财的特点包括：企业融资需求迫切、风险隔离要求规范以及财务管理需求强烈。

39. 【答案】 A

【解析】中小企业融资需求一般具有"周期短、频率高、额度小"的特点。由于生产规模小，企业自身的资产规模不大，相对而言，信用级别较低是造成中小企业融资难的关键。

40. 【答案】 B

【解析】根据经验法则，资产负债率宜在20%～50%。资产负债率越高，说明财务负担也就越大，如果收入不稳定或收入中断，流动性风险较大。

二、多项选择题

1. 【答案】 ADE

【解析】流动性资产的主要特征：①流动性强；②安全性高；③利息收入低；④可用于近期支出和短期债务的偿还。BC两项属于自用性资产的主要特征。

2. 【答案】 BCE

【解析】一般而言，以6个月左右的家庭生活支出额作为现金储备水平标准，这里所指的生活支出必须是包括客户家庭所有的支出，包括还贷支出、保险支出、教育支出等比较刚性的支出。

3. 【答案】 ABC

【解析】D项，投资性资产具有一定的流动性；E项，投资性资产出售套现的时候不会对客户的生活品质造成负面的影响。

4. 【答案】 AC

【解析】投资性资产包括：股票、基金投资、投资性房产、债券等。BDE 三项属于自用性资产。

5.【答案】 DE

【解析】风险管理的方法即风险管理的技术，可分为控制型和财务型两大类。

6.【答案】 CDE

【解析】财务型风险管理技术主要包括以下方法：①自留风险；②转移风险。转移风险又有财务型非保险转移和财务型保险转移两种方法。

7.【答案】 ADE

【解析】教育贷款是教育费用重要的筹资渠道，我国的教育贷款政策主要包括三种贷款形式：①学校学生贷款，即高校利用国家财政资金对学生办理的无息贷款；②国家助学贷款；③一般性商业助学贷款。

8.【答案】 ABC

【解析】我国养老金发放过低受困于多方面：①养老金调整机制的缺失，使得养老金增长没有稳定的制度保障；②双轨制运行使得养老金替代率呈现分化态势；③养老金来源的单一化，让其增长后续乏力，使养老保障的质量和水平都明显下滑。

9.【答案】 CDE

【解析】根据客户具体的资产配置（比例）要求，再具体选择各类资产下的理财产品和产品组合，这时可以兼顾客户的个人喜好，譬如对房地产投资或某类股票的特殊喜好。各类产品选择范围如下：①现金类：银行存款、货币市场基金、短期国债等；②固定收益类：政府债券、公司债券，国内、国际债券等；③权益类：房地产、黄金、古董、股票（国际、国内，蓝筹、小型成长等）。

10.【答案】 CE

【解析】货币政策的最终目标，一般有四个：稳定物价、充分就业、促进经济增长和平衡国际收支等。但需指出的是，我国的货币政策目标仅仅有保持货币币值稳定和促进经济增长。《中国人民银行法》第三条规定，中国人民银行的"货币政策目标是保持货币币值稳定，并以此促进经济增长"。

11.【答案】 BCDE

【解析】A 项，税收制度是国家财政制度的主要内容，与货币制度关系不大。

12.【答案】 BC

【解析】税目是课税对象的具体项目，它具体地规定一个税种的征税范围，体现了征税的度。税目的两种设置方法：①列举法；②概括法。

13.【答案】 BCDE

【解析】在遗产税实行的过程中，也有些许国家及地区取消了遗产税：澳大利亚于 1978 年取消；新西兰于 1992 年取消；瑞典于 2005 年取消；中国香港地区于 2006 年取消；新加坡于 2008 年取消；挪威于 2014 年取消。

14.【答案】 BD

【解析】B 项，发生遗嘱继承的法律事实构成包括两个方面，即被继承人的死亡和被继承人生前立有合法有效的遗嘱；D 项，遗嘱是被继承人生前对自己财产的处分，只能由被继承人亲自设立，既不需征得他人的同意，也不能由他人代为设立。

15. 【答案】 ABDE

【解析】获利能力分析反映的是企业获取利润的能力，有如下几类指标：销售净利润率、净资产利润率、实收资本利润率和基本获利率。C项属于偿债能力指标。

16. 【答案】 ABCDE

【解析】信用期的制定还需要考虑赊账企业的信用标准，一般通过"5C"系统进行，即评估对方的品质（character）、能力（capacity）、资本（capital）、抵押品（collateral）和条件（condition），以更全面地考察信用期的制定。

17. 【答案】 BCDE

【解析】A项，客户投诉处理方法应该标准化、流程化，而且要告知客户。这样客户遇到问题愿意投诉，客户的投诉也能够很快得到响应，并且客户知道投诉处理的责任人或联系方式和流程后，也会减少不必要的焦虑和误解。

18. 【答案】 BCD

【解析】收入项里主要包括退休年龄、收入增长率以及一些不固定收入的调整：①退休年龄。一些客户希望能早退休，但其实际的财务负担不允许其早退休，那么退休年龄可以适当调整。②预期收入。对未来的收入预期，收入增长率是其中一个比较重要的调整项，同时，如果客户的收入不稳定，可通过调整收入来进行敏感性分析，以观察在不同收入情况下的家庭财务状况和理财目标达成情况。③不固定收入。如非上市公司的股权变现收入，遗产和馈赠的现金流的额度等，均可做相应的调整或做敏感性分析。

19. 【答案】 DE

【解析】理财师在为客户进行投资规划之前，首先要了解客户的风险属性。客户的风险属性一般分为客户的风险承受能力与风险容忍态度两个层面。

20. 【答案】 ABCD

【解析】一份标准专业理财规划书应具备的主要特点有：①可读性；②实用性；③完整性；④逻辑性；⑤一致性；⑥专业性。

三、单项规划

1. （1）【答案】 C

【解析】补偿原则是指当被保险人发生损失时，通过保险人的补偿使被保险人的经济利益恢复到原来水平，被保险人不能因损失而得到额外收益的原则。

（2）【答案】 C

【解析】保险补偿原则包含两个基本含义：①只有保险事故发生造成保险标的毁损致使被保险人遭受经济损失时，保险人才承担损失补偿的责任；②被保险人可获得的补偿量，仅以其保险标的遭受的实际损失为限，即保险人的补偿恰好能使保险标的在经济上恢复到保险事故发生之前的状态，而不能使被保险人获得多于损失的补偿。

（3）【答案】 A

【解析】重复保险的分摊方式主要有三种：①比例责任分摊方式，即各保险人按其所承担的保险金额与总保险金额比例分摊保险赔偿责任，各保险人承担的赔款 = 损失金额 × 该保险人承保的保险金额/各保险人承保的保险金额总和;②限额责任分摊方式;③顺序责任分摊方式。我国对于重复保险采用比例责任分摊的方式,因此甲、乙、丙财产保险公司应各赔偿1.67万元、3.33万元、5万元。

(4)【答案】 D

【解析】顺序责任分摊方式是指由先出单的保险人首先负责赔偿,后出单的保险人只有在承保的标的损失超过前一保险人承保的保额时,才依次承担超出的部分。所以甲财产保险公司赔偿5万元,剩余1万元损失由乙公司赔偿。

2.(1)【答案】 A

【解析】11年后上大学所需学费为:$50000 \times (1+6\%)^{11} = 94914.93$(元)。

(2)【答案】 C

【解析】11年后教育启动资金的终值为:$12000 \times (1+10\%)^{11} = 34237.40$(元),则大学费用缺口为:$94914.93 - 34237.40 = 60677.53$(元)。

(3)【答案】 A

【解析】已求得所需教育费为94914.93(元),则每月需储蓄年金为$94914.93 \div (F/A, 5\%/12, 132) = 540.81$(元)。

3.(1)【答案】 C

【解析】根据题意,冯建国打算60岁退休,预计可以活到85岁,故其退休后余年为25年。(2)【答案】 A

【解析】根据题意,$N=25$,$I/YR=6$,$FV=150000$,利用财务计算器可得$PV \approx 1917503$(元)(设成先付年金),即冯建国要想60岁顺利退休必须要有1917503元的资金作为养老的保障。

(3)【答案】 D

【解析】根据题意,$N=20$,$I/YR=9$,$PV=-150000$,利用财务计算器可得$FV \approx 840662$(元),即冯建国用15万元的启动资金作为投资到他60岁退休时能够获得840662元的资金储备。

(4)【答案】 A

【解析】退休基金的缺口$= 1917503 - 840662 = 1076841$(元)。

(5)【答案】 A

【解析】为弥补退休基金的缺口,冯建国每年投入资金的终值应为1076841元,则$N=20$,$I/YR=9$,$FV=1076841$,利用财务计算器可得,$PMT \approx -21048$(元)。所以,冯建国每年年末还应投入21048元,才能填补退休基金缺口,进而实现自己的退休目标。

(6)【答案】 B

【解析】根据题意,$N=20$,$I/YR=9$,$FV \approx 1917503$,利用财务计算器可得,$PMT \approx -37480$(元),即冯建国每年要投入37480元才能保证冯建国60岁时顺利退休,否则就会降低他退休后的生活水平。

4.(1)【答案】 C

【解析】根据公式,可得:$268 = 90 \times (1+r)^{-1} + 120 \times (1+r)^{-2} + 150 \times (1+r)^{-3}$,解得$r = 14.92\%$。

(2)【答案】 A

【解析】根据 β 的计算公式有：$14.92\% = 6\% + \beta \times (12\% - 6\%)$，解得 $\beta = 1.49$。

(3)【答案】 D

【解析】D 项，β 系数是特定资产（或资产组合）的系统性风险度量。换句话说，β 系数就是一种评估证券系统性风险的工具，用以度量一种证券或一个投资证券组合相对总体市场的波动性。

(4)【答案】 C

【解析】设短期国债在组合中的比例为 X，则有 $9\% = 14.92\% \times (1 - X) + 6\% \times X$，解得 $X = 66.3$。

5.（1）【答案】 D

【解析】2008 年 11 月 5 日，国务院常务会议审议通过并于 2009 年 1 月 1 日开始实施修订后的《增值税暂行条例》，决定全面实行增值税转型，一般纳税人税负降低。为考虑对小规模纳税人的税负公平，将其征收率统一定为 3%。

(2)【答案】 B

【解析】增值税基本税率为 17%，适用基本税率的应税项目包括：纳税人销售货物或进口货物（适用 13% 的货物除外）；提供加工、修理修配劳务。

(3)【答案】 A

【解析】小规模纳税人销售货物或者提供应税劳务，按照不含增值税的销售额和规定的征收率计算应纳税额，不能抵扣任何进项税额。所以应纳增值税税额 = $100 \times 3\% = 3$（万元）。

(4)【答案】 C

【解析】一般纳税人应纳税额 = 销项税额 - 进项税额，销项税额 = 应税销售额 × 适用税率。所以应纳增值税税额 = $(100 - 65) \times 17\% = 5.95$（万元）。

(5)【答案】 B

【解析】当一般纳税人增值税税率为 17%，小规模纳税人增值税征收率为 3% 时，无差别平衡点增值率 = $3\%/17\% = 17.65\%$。某公司增值率：$(100 - 65)/100 = 35\% > 17.65\%$，应选择作为小规模纳税人，可比作一般纳税人节税 2.95（= 5.95 - 3）万元。

四、综合案例

1.【答案】 杨先生家庭的资产负债表如表 4 所示。

表 4　家庭资产负债表

客户：杨先生家庭　　　日期 2015 年 12 月 31 日　　　　　　　　　　　单位：元

资产	金额	负债与净资产	金额
活期存款	50000	住房贷款	640000
定期存款	150000	负债合计	640000
自住房	800000		
		净资产	360000
资产总计	1000000	负债与净资产总计	1000000

2. 【答案】 杨先生家庭的收入支出表如表5所示。

表5 收入支出表

客户：杨先生家庭　　　日期 2015 年 12 月 31 日　　　　　　单位：元

年收入	金额	年支出	金额
工资类收入		日常生活支出	84000
杨先生	180000	子女开销	12000
杨太太	102000	房贷支出	32400
年终奖金	100000	物业管理费	3000
收入总计	382000	支出总计	131400
年结余			250600

3. 【答案】 杨先生家庭的财务比率分析表如表6所示。

表3 财务比率分析表

比例	参考值	计算值	结论
结余比例	≥30%		说明杨先生家庭的投资资产极少，投资能力不强
投资与净资产比率	≥50%		说明杨先生家庭的债务负担较重
偿付比率	≥50%		说明杨先生家庭的资产流动性较高，家庭资产管理能力不足
负责比率	≤50%		说明杨先生家庭控制支出的能力和储蓄意识较强
负责收入比率	≤40%		说明杨先生家庭的短期偿债能力较强，短期不会发生财务危机
流动性比率	≥3 倍		说明杨先生家庭的偿债能力相对较弱

【解析】财务比率计算及分析如下：①结余比例：年结余/年税后收入：250600/382000 × 100% = 65.60%，大于参考值30%，说明杨先生家庭控制支出的能力和储蓄意识较强；②投资与净资产比率：投资资产/净资产 = 150000/360000 × 100% = 41.67%，小于参考值50%，说明杨先生家庭的投资资产极少，投资能力不强；③偿付比率：净资产/总资产：360000/1000000 × 100% = 36%，小于参考值50%，说明杨先生家庭的偿债能力相对较弱；④负债比率：负债总额/总资产：640000/1000000 × 100% = 64%，大于参考值50%，说明杨先生家庭的债务负担较重；⑤负债收入比率：年度本息支出/年度家庭工作税后收入 = (2700 × 12)/382000 × 100% = 8.48%，小于参考值40%，说明杨先生家庭的短期偿债能力较强，短期不会发生财务危机；⑥流动性比率：流动性资产/每月支出 = 50000/(1000 + 7000 + 2700 + 250) = 4 - 57，大于参考值3，说明杨先生家庭的资产流动性较高，家庭资产管理能力不足。

4. 【答案】 AE

【解析】杨先生家庭处在生命周期的成长期，在该阶段，子女教育金需求增加，购房、购车贷款仍保持较高需求，成员收入稳定，家庭风险承受能力进一步提升。因此，该阶段建议依旧保持资产流动性，并适当增加固定收益类资产，如债券基金、浮动收益类理财产品。B项属于家庭衰老期的理财重点，CD两项属于家庭成熟期的理财重点。

5. 【答案】 B

【解析】B项，作为家庭的经济支柱，杨先生的保额应该最大。

6. (1)【答案】 C

【解析】10年后杨先生的目标住房的价格为：$FV = 160 \times 20000 \times (1 + 9\%)^{10} \approx 7575563.8$（元）。

(2)【答案】 D

【解析】$PMT(6.81\%/12, 20 \times 12, 1, 7575563.8 \times 70\%) \approx -40510.7$（元），因此，10年后杨先生每月末要为新房子定额还款40510.7元。

(3)【答案】 C

【解析】10年后杨先生所购新房的首付为：$7575563.8 \times 0.3 = 2272669.14$（元），且杨先生每年的奖金为10万元。若用每年的奖金作投资用以10年后为新房子付首付，设必要报酬率r，则：$100000 \times FVIFA(r, 10) = 2272669.14$，解得$FVIFA(r, 10) \approx 22.73$。查年金终值系数表可知：$FVIFA(17\%, 10) = 22.393$，$FVIFA(18\%, 10) = 23.521$，利用插值法有$(23.521 - 22.73) / (23.521 - 22.393) = (18\% - r) / (18\% - 17\%)$，则$r \approx 17.3\%$。

7. 【答案】 C

【解析】确定退休目标需要客户决定退休的年龄、退休后的生活方式和水平，譬如在哪里退休、退休后保持或可能培养的个人兴趣爱好、活动等。

全国银行业专业人员职业资格考试热题库

《个人理财（中级）》模拟试卷（三）

一、单项选择题（共40题，每小题0.5分，共20分。以下各小题所给出的四个选项中，只有一项符合题目要求，请选择相应选项，不选、错选均不得分）

1. 李护士长在医院工作多年，她告诉一名患脑溢血病人，当被保险人患有特定重大疾病时，可由保险人对所花医疗费用给予适当补偿。这样的险种被称为（　　）。
   A. 重大疾病保险　　　　　　　　B. 一般疾病保险
   C. 综合医疗保险　　　　　　　　D. 补偿大病医疗保险

2. 张先生夫妇年龄相同，打算购买年金型的保险。则张先生夫妇购买（　　）比较合适。
   A. 共同生存年金保险　　　　　　B. 共同死亡年金保险
   C. 最后死亡者年金保险　　　　　D. 最后生存者年金保险

3. （　　）是指以保险人在规定的时间内死亡为条件，给付死亡保险金的保险。
   A. 两全保险　　B. 万能寿险　　C. 定期寿险　　D. 终身寿险

4. 关于健康保险，下列说法不正确的是（　　）。
   A. 保险公司提供的个人医疗费用保险属于社会保险
   B. 收入保障保险主要是补偿因伤害而致残疾的收入损失
   C. 重大疾病保险的给付方式，一般是在被保险人确诊重大疾病后立即一次性支付保险金额
   D. 长期护理保险是指为因年老、疾病、伤残而需要长期照顾的被保险人提供长期护理服务费用的健康保险

5. 对普通家庭而言，资产负债率超过（　　）就属于偏高了。
   A. 60%　　　　　B. 50%　　　　　C. 40%　　　　　D. 25%

6. 融资比率等于（　　）。
   A. 总负债/总资产　　　　　　　B. 投资性负债/总资产
   C. 总负债/投资性资产　　　　　D. 投资性负债/投资性资产

7. （　　）不属于普通家庭的债务类型。
   A. 自用性负债　　B. 投资性负债　　C. 消费性负债　　D. 主动性负债

8. 在借贷金额方面，家庭债务管理力主（　　）。
   A. 保证生活的品质　　　　　　　B. 保证较多的结余
   C. 量力而行　　　　　　　　　　D. 量入为出

9. 普通终身寿险是需要终身缴纳保费的终身寿险。下列关于普通终身寿险说法正确的是（　　）。

A. 普通终身寿险提供的是一种永久性保障
B. 每年所支付的保费相对较高
C. 普通寿险的现金价值通常是稳定不变的
D. 保单初期的现金价值通常很高

10. 李雷，某企业普通职员，目前没有投保任何商业保险，并于去年购置了一处房产，于今年3月完婚，目前无子女。则在以下保险产品中，李雷购买保险的优先顺序应为（　　）。
    a. 房屋火险；b. 意外险；c. 大病保险；d. 家具盗抢险。
    A. cbad　　　　　B. bcad　　　　　C. badc　　　　　D. abcd

11. 李刚想购买入寿保险，由于他事业刚起步，收入暂时有限，针对这种情况，王先生应选择（　　）。
    A. 意外伤害保险　B. 人身保险　C. 人寿保险　D. 定期寿险

12. 韩梅梅预计其子5年后上大学，届时需学费30万元，韩梅梅每年投资5万元于年投资回报率6%的平衡型基金，则5年后刘云（　　）。
    A. 会获得超过30万元的本息和　　B. 需要额外支付200元
    C. 需要额外支付1200元　　　　　D. 无需再额外支付学费

13. 王丽预计其子10年后上大学，届时需学费50万，王丽每年投资4万元于年投资报酬率6%的平衡基金，则10年后王丽筹备的学费（　　）。
    A. 不够，还少约2.72万　　B. 不够，还少约0.7万
    C. 够，还多约2.72万　　　D. 够，还多约0.7万

14. 教育储蓄的主要优点不包括（　　）。
    A. 较活期存款相比，回报较高　　B. 收益稳定
    C. 规模大　　　　　　　　　　　D. 无风险

15. 假设张先生上年度平均月薪为10000元，其爱人王太太上年度的平均月薪为1500元，统筹地职工上年度月平均工资为4000元，那么张先生和王太太每月应缴纳多少社会养老保险金？（　　）
    A. 2400元；192元　　B. 2400元；120元
    C. 800元；192元　　　D. 800元；120元

16. 关于企业年金基金的管理办法，下列叙述错误的是（　　）。
    A. 职工未达到国家规定的退休年龄时，可以按照被减少的年金比例提取年金；并且在该职工达到国家退休年龄后，被减少的年金提取比例将不得恢复
    B. 职工或退休人员死亡后，其企业年金个人账户余额由其指定的受益人一次性领取
    C. 出国定居职工的企业年金个人账户资金，可根据本人要求一次性支付给本人
    D. 职工变动工作单位时，企业年金个人账户资金可以随同转移

17. 个人账户养老金月标准为个人账户储存额除以计发月数，确定计发月数所依据的因素不包括（　　）。
    A. 利息　　　　　　B. 本人退休年龄

C. 社会平均工资　　　　　　D. 城镇人口平均预期寿命

18. 投资组合的概念在20世纪50年代就已经被提出了，下列关于投资组合的说法中正确的是（　　）。
    A. 构建投资组合可以降低系统风险
    B. 构建投资组合一定会减少系统风险
    C. 投资组合里的资产越多越好
    D. 在构建投资组合时要尽量选择不相关的资产才能尽量降低风险

19. 某证券组合今年实际平均收益率为0.15，当前的无风险利率为0.03，市场组合的期望收益率为0.11，该证券组合的标准差为1。那么，根据夏普比率来评价，该证券组合的绩效（　　）。
    A. 无法评价　　　　　　　B. 好于市场绩效
    C. 与市场绩效一样　　　　D. 不如市场绩效好

20. 假设投资组合的收益率为20%，无风险收益率是8%，投资组合的方差为9%，贝塔值为12%，那么，该投资组合的夏普比率等于（　　）。
    A. 0.8　　　B. 0.6　　　C. 0.4　　　D. 0.2

21. 若投资组合的β系数为1.35，该投资组合的特雷诺指标为5%，如果投资组合的期望收益率为15%，则无风险收益率为（　　）。
    A. 10.25%　　B. 9.25%　　C. 8.25%　　D. 7.25%

22. 詹森指数反映了基金的选股能力，它通过比较考察期基金收益率与由（　　）得出的预期收益率之差来评价基金。
    A. APT　　　B. EVA　　　C. FCFF　　　D. CAPM

23. 理财规划须关注基金市场，在三大经典风险调整收益率指数中，（　　）是指在一段评价期内基金投资组合的平均超额收益率超过无风险收益率部分与该基金的收益率的标准差之比。
    A. 特雷纳指数　B. 晨星指数　C. 詹森指数　D. 夏普比率

24. 投资者准备投资债券，该债券在上海证券交易所交易，面值100元，票面利率5%，必要报酬率6%，期限10年，目前距离到期日还有5年，每年付息一次，当前交易所交易价格显示为93元，则该债券目前的交易价格（　　）。
    A. 正好等于债券价值　　　B. 偏高
    C. 偏低　　　　　　　　　D. 无法判断

25. 某零息债券还剩3.5年到期，面值100元，目前市场交易价格为86元，则其到期收益率为（　　）。
    A. 4.36%　　B. 4.66%　　C. 14%　　　D. 16.3%

26. 企业所得税法规定，纳税人发生年度亏损的，可以用下一纳税年度的所得弥补，但延续弥补期最长不得超过（　　）年。
    A. 6　　　　B. 5　　　　C. 4　　　　D. 3

27. 陈立出租自有住房一套取得租金收入24000元。针对这笔收入陈立应缴纳房产税（　　）元。

A. 0　　　　　　B. 800　　　　　　C. 960　　　　　　D. 1000

28. A公司向B汽车运输公司租入5辆载重汽车，双方签订的合同规定，5辆载重汽车的总价值为240万元，租期3个月，租金为12.8万元。则A公司应缴纳印花税税额（　　）元。
    A. 240　　　　　B. 150　　　　　C. 128　　　　　D. 32

29. 某乡镇企业（地处农村）三月份应缴纳增值税6万元，消费税2万元，则该乡镇企业当月应纳城市维护建设税为（　　）元。
    A. 800　　　　　B. 600　　　　　C. 400　　　　　D. 200

30. 在法定继承中，继承人只能依法定的顺序依次参加继承，前一顺序的继承人总是排斥后一顺序继承人继承，这属于继承顺序的（　　）。
    A. 限定性　　　　B. 强行性　　　　C. 排他性　　　　D. 法定性

31. 财产的种类不包括（　　）。
    A. 经营使用权　　B. 知识产权　　　C. 不动产　　　　D. 动产

32. 消极遗产是指（　　）。
    A. 死者生前所欠的个人债务　　　　B. 归属权不明的遗产
    C. 非法遗产　　　　　　　　　　　D. 债权

33. 下列不属于我国法律规定的遗嘱形式的是（　　）。
    A. 口头遗嘱　　　B. 自书遗嘱　　　C. 转述遗嘱　　　D. 公证遗嘱

34. 张三有三个儿子，妻子尚在，张三死后留下房屋8间，在没有遗嘱和其他特殊情况之下，张三的妻子可以分到房屋（　　）间。
    A. 5　　　　　　B. 4　　　　　　C. 3　　　　　　D. 2

35. 中小企业闲置资金理财主要投资于（　　）。
    A. 低流动性的产品　　　　　　　　B. 高流动性的产品
    C. 低风险性的产品　　　　　　　　D. 高收益的产品

36. （　　）的公式为净利润/资产平均总额。
    A. 销售净利润率　　　　　　　　　B. 净资产利润率
    C. 实收资本利润率　　　　　　　　D. 基本获利率

37. 下列对于不同客户的需求特点表述不正确的是（　　）。
    A. 高端客户都有被尊重、服务的心理
    B. 企业主客户多采用以金融资产为主要财产传承的方式
    C. 私营企业主比较关注财富保障、传承和子女教育等方面的规划服务
    D. 许多高端客户，尤其私营企业主在财富积累到一定程度之后，更加关注生活品质的享受，以求尽快步入"有钱阶层"

38. 在理财规划实际工作中，资产配置的第一个步骤是（　　）。
    A. 选择风险资产类别
    B. 找到最优投资组合
    C. 在有效前沿上找到最优风险资产组合
    D. 确定相应的资产配置比例及其标准差

39. 投资规划方案主要包括（　　）个环节。
   A. 6　　　　　　　　B. 5　　　　　　　　C. 4　　　　　　　　D. 3
40. 在理财规划服务中，通常是以（　　）的时点作为"规划元年"的开始。
   A. 理财师与客户正式建立合作关系　　B. 理财规划书制作完成
   C. 理财规划正式实施　　　　　　　　D. 理财规划开始制订

二、多项选择题（共20题，每小题1分，共20分。以下各小题所给出的五个选项中，只有两项或两项以上符合题目要求，请选择相应选项，不选、错选均不得分）

1. 公积金贷款的优点有（　　）。
   A. 利率较低　　　　　　　　　　　　B. 还款方式灵活
   C. 审批手续收费低廉　　　　　　　　D. 不受二套房贷的限制
   E. 无普通住宅与非普通住宅之分
2. 家庭债务管理中，关于借贷活动的决策，说法正确的有（　　）。
   A. 对客户家庭财务进行全面评估　　　B. 以未来的还贷能力为出发点
   C. 为杠杆投资设计止损机制　　　　　D. 定期分析债务的量化管理
   E. 需了解客户的借贷目的
3. 在进行家庭财产保险规划时需要重点考虑普通家庭财产保险的规划，以还原保险的本质功能。具体包括（　　）。
   A. 避免遗漏重要财产　　　　　　　　B. 合理确定保险金额
   C. 避免为财产重复投保　　　　　　　D. 根据不同角色选购保险产品
   E. 根家庭收入水平选购保险产品
4. 影响车险保费的浮动系数的因素包括（　　）
   A. 折扣系数　　　　　　　　　　　　B. 耗油量系数
   C. 客户忠诚度系数　　　　　　　　　D. 平均行驶里程系数
   E. 多险种投保优惠系数
5. 目前我国开办的家庭财产保险包括（　　）。
   A. 家庭财产两全险　　　　　　　　　B. 普通家庭财产保险
   C. 个人贷款抵押房屋保险　　　　　　D. 投资保障型家庭财产保险
   E. 企业财产保险基本险和综合险
6. 越来越多的家庭选择让孩子出国留学，其主要原因有（　　）。
   A. 增加人生阅历　　　　　　　　　　B. 国外的教育水平高于国内
   C. 国外的工作机会多且工资高　　　　D. 多元化的学校与专业选择机会
   E. 学习西方先进的科学知识和方法
7. 除了基本社会养老保险之外，其他类型的社会福利还包括（　　）。
   A. 利润分享计划　　　　　　　　　　B. 员工持股计划
   C. 国家住房保障计划　　　　　　　　D. 失业风险和就业保障
   E. 国家基本医疗保障计划

8. 下列关于基本养老保险金的资金筹集的说法，不正确的是（   ）。
   A. 资金筹集来源主要包含企业缴费、个人薪酬扣除和其他补贴三方面
   B. 企业缴费和个人薪酬扣除为资金筹集最为重要的来源
   C. 企业缴费比例部分全国统一为20%
   D. 员工个人缴费基数是经过核定的上年度本人月平均工资，费率为8%
   E. 员工个人缴费基数最高为全国职工上年度月平均工资的300%

9. 下列关于财务分析指标计算的说法，正确的是（   ）。
   A. 存货周转率 = 销售收入 ÷ 平均存货
   B. 股东权益周转率 = 销售收入 ÷ 股东权益
   C. 利息保障倍数 = 息税前利润 ÷ 利息费用
   D. 应收账款周转率 = 赊销净额 ÷ 平均应收账款净额
   E. 股东权益收益率 = 税前净收益 ÷ 股东权益 × 100%

10. 常用的偿债能力分析指标包括（   ）。
    A. 流动比率   B. 利息保障倍数
    C. 应收账款周转率和平均回收天数   D. 负债比率
    E. 长期负债比率

11. 按照对企业购进固定资产所含增值税税款能否扣除以及如何扣除的方法可将增值税划分为（   ）。
    A. 投资型增值税   B. 支出型增值税
    C. 消费型增值税   D. 收入型增值税
    E. 生产型增值税

12. 下列关于城市维护建设税的税率，说法正确的有（   ）。
    A. 纳税人所在地为市区：7%
    B. 纳税人所在地为县城、镇的：4%
    C. 纳税人所在地为县城、镇的：5%
    D. 纳税人所在地不在市区、县城或者镇的：2%
    E. 纳税人所在地不在市区、县城或者镇的：1%

13. 英国家族信托业务的主要种类有（   ）。
    A. 投资信托业务   B. 财务咨询
    C. 管理遗产   D. 执行遗嘱
    E. 财产管理

14. 非法定继承人包括（   ）
    A. 形成抚养教育关系的继父母
    B. 继承人以外的对被继承人扶养较多的人
    C. 同父异母或同母异父的半血缘的兄弟姐妹
    D. 对岳父、岳母尽了主要赡养义务的丧偶女婿
    E. 继承人以外的依靠被继承人扶养的，缺乏劳动能力又没有生活来源的人

15. 股东对企业经营管理的风险分析包括（   ）。

A. 企业销售经理死亡

B. 企业财务总监伤残

C. 所有权变现的可能性差

D. 遗属的继承人无法保证企业继续经营

E. 企业可能出现业务发展危机和法律纠纷

16. 资产运营能力指企业资产及其组成要素在生产过程中的运营能力。分析指标主要包括（   ）。

A. 流动比率　　　　　　　　B. 现金比率

C. 资产负债率　　　　　　　D. 存货周转率

E. 应收账款周转率

17. 客户关系维护或营销中，企业拿出一定比例的费用用于奖励忠诚顾客和改善与客户的关系，这些营销费用主要用于（   ）方面。

A. 其他层面的、可以增加银行或其他金融机构和理财师服务附加价值的活动或安排

B. 开办相关讲座

C. 社交层面

D. 生活层面

E. 财务层面

18. 风险管理效益的大小，取决于是否能以最小成本取得最大安全保障，同时在实务中还要考虑风险管理和整体目标是否一致，是否具有（   ）。

A. 简便性　　　　　　　　　B. 普遍性

C. 可行性　　　　　　　　　D. 有效性

E. 可操作性

19. 下列指标中，属于家庭财务保障涉及的指标的有（   ）。

A. 融资比率　　　　　　　　B. 偿付比率

C. 资产负债率　　　　　　　D. 收入结构分析

E. 理财支出比率

20. 在向客户提供了保险建议后，理财师当为客户进行风险管理效果评估。下列属于效果评估的内容的是（   ）。

A. 整体性评估　　　　　　　B. 可行性评估

C. 部分性评估　　　　　　　D. 资产收益评估

E. 风险覆盖评估

三、单项规划（共5个规划题，每个规划题6分，共30分。下列选项中至少有一项符合题目要求，多选、少选、错选均不得分）

1. 保险规划

身在武汉的张亮今年37岁，至今未婚，在一家投资银行工作，收入颇丰，拥有一处无贷款的房产，价值100万元，同时张亮拥有一张保险金额为50万元的20年定期寿险和一张

保额为 30 万元的重大疾病保险，此外拥有若干投资产品。由于担心自己的保险保障不够全面，张亮找到金融理财师，咨询保险规划。

(1) 张亮提出虽然目前收入较高，但是担心年老退休后的生活费用问题。鉴于此，金融理财师建议张亮最适宜购买以下哪一个险种？（　　）(2分)
    A. 高保额的定期寿险　　　　　　B. 分红型终身寿险
    C. 投资连结保险　　　　　　　　D. 延期终身年金

(2) 张亮考虑到由于没有子女，一旦身故后房产没有继承人来继承，因此提出能否用房屋养老，金融理财师向张亮建议购买的保险产品是（　　）。(2分)
    A. 定期确定年金　　　　　　　　B. 固定给付年金
    C. 反向抵押年金　　　　　　　　D. 住房抵押年金

(3) 张亮考虑为自己购买一份家庭财产保险，下列选项中不能够理赔的事件是（　　）。(1分)
    A. 张亮的房屋被洪水冲坏
    B. 张亮将易燃物品置于家中引起爆炸
    C. 保险期间，张亮房屋遭受意外火灾，为灭火产生了一定的施救费用
    D. 张亮投保家庭财产险的同时附加盗窃险，后家里发生盗窃，损失部分财物

(4) 张亮在 48 岁时，患癌症死亡，他可获得的赔付金额为（　　）万元。(1分)
    A. 30　　　　　　B. 50　　　　　　C. 80　　　　　　D. 100

2. 教育规划

李海浪的儿子今年 10 岁，他打算 8 年后送儿子去英国读 4 年大学。已知李海浪目前有生息资产 20 万元，并打算在未来 8 年内每年末再投资 2 万元用于儿子出国留学的费用。就目前来看，英国留学需要花费 30 万元，教育费用每年增长 8%。资金年化投资报酬率 4%。

(1) 李海浪目前的储蓄、投资方式是否能满足儿子届时的留学目标？（　　）(3分)
    A. 刚好满足　　　　　　　　　　B. 能够满足，资金还富有 2.76 万元
    C. 不能满足，资金缺口为 8.60 万元　D. 不能满足，资金缺口为 9.73 万元

(2) 假若有资金缺口，下列措施中能够弥补李海浪教育资金缺口的是（　　）。(2分)
    A. 今后每年的投资由 2 万元增加至 3 万元
    B. 增加目前的生息资产至 28 万元
    C. 提高资金的收益率至 5%
    D. 由每年末投入资金改为每年前投入

(3) 如果李海浪自己决定将投资于开放式基金，那么（　　）的策略是合理的。(1分)
    A. 应尽可能投资于多只股票基金，以分散风险
    B. 随着留学日期的临近，逐渐加大指数基金的投资比重
    C. 年评估基金业绩，将基金转换成历史业绩最好的股票基金
    D. 期初股票基金比重较大，随着留学日期临近，逐渐加大债券基金的比重

3. 退休养老规划

张丽丽夫妇今年均为 35 岁，两人打算 55 岁退休，预计生活至 85 岁，张丽丽夫妇预计

在55岁时的年支出为10万元，现在家庭储蓄为10万元。假设通货膨胀率保持3%不变，退休前，张丽丽家庭的投资收益率为8%，退休后，张丽丽家庭的投资收益率为3%。

根据以上材料回答（1）~（5）题。

(1) 综合考虑通货膨胀率与投资收益率，张丽丽夫妇56岁的年支出在55岁时的现值为（　　）元。(1分)
    A. 139271   B. 135291   C. 110000   D. 100000

(2) 张丽丽夫妇一共需要（　　）元养老金。(1分)
    A. 3000000   B. 3398754   C. 3598754   D. 3977854

(3) 在张丽丽55岁时，其家庭储蓄恰好为（　　）元。(1分)
    A. 386968.45   B. 396968.45   C. 466095.71   D. 524743.26

(4) 张丽丽夫妇的退休金缺口为（　　）元。(1分)
    A. 2533904.29   B. 2546011.24   C. 2564011.42   D. 2654011.24

(5) 如果张丽丽夫妇采取定期定额投资方式积累退休金，则每年还需要投资（　　）元。(2分)
    A. 55371.41   B. 54626.41   C. 54662.41   D. 54666.41

4. 投资规划

张翠花，从事传媒行业，45岁，离异，无父母，无子女，不打算再婚。目前张翠花拥有净资产500万元。每年收入50万元，预计工作到55岁退休。近期，张翠花与金融理财师程明进行了多次沟通。张翠花希望在55岁退休时拥有600万元的退休金。按照张翠花的愿望，为了不影响其他生活开支与理财规划，程明建议，张翠花可以从目前500万元净资产中分配40%用于退休规划，每年再从50万元收入中拿出30%用于退休规划。金融理财师程明为张翠花制定资产配置方案时，程明预先挑选了风险高低不等的一系列资产：一只股票型基金（记为基金W）；一只公司债券（记为债券A），票面利率为9.5%，10年期，每年付息一次；一只国债（记为债券B），票面利率为7.5%，10年期，每年付息一次。

(1) 假设金融理财师程明为张翠花构造的投资组合在未来五年里各年收益率依次为12%、13%、-15%、7%和18%。就张翠花的退休规划而言，投资组合需要每年收益超过7%，则这五年（　　）预期目标。(2分)
    A. 超出   B. 刚好实现   C. 没有实现   D. 不确定能否实现

(2) 若需追加投资，金融理财师程明建议张翠花每半年投资7.5万元，即采取定期定额（每期金额相同）投资方式。如果未来呈现不断加速上涨的行情走势，与定期定量投资方式相比，定期定额投资的金额加权收益率（　　），持有份额（　　）。（假设两种方式第一次追加投资的金额相同）(2分)
    A. 更低，更多   B. 更低，更少   C. 更高，更多   D. 更高，更少

(3) 为了简单起见，假设债券A和债券B目前均为平价债券，未来市场利率不发生变化，张翠花一旦购买，将一直持有到期，期间得到的利息可以再投资于原债券。在上述假设条件下，就未来十年的总收益率而言，债券A比债券B高（　　）。（注：企业债利息所得税率为20%）(2分)
    A. 1.00%   B. 1.93%   C. 4.00%   D. 9.79%

5. 税务规划

李轻舟写作能力颇佳，在财经评论方面有独到见解。她被一家财经杂志社相中。杂志社愿意提供每月 30000 元的薪酬。李轻舟有三种选择：调入财经杂志社，获得工资、薪金；作为杂志特约评论员，获得劳务报酬；作为普通的投稿人，获得稿酬收入。

根据以上材料回答（1）~（4）题。

（1）如果李轻舟选择调入财经杂志社，那么每月所得应纳所得税（　　）元。（1 分）
    A. 5620   B. 5200   C. 4800   D. 3360

（2）如果李轻舟选择作为杂志特约评论员，获得劳务报酬，那么她每月所得应纳所得税（　　）元。（2 分）
    A. 5625   B. 5200   C. 4800   D. 3360

（3）如果李轻舟选择作为普通投稿人，获得稿酬，那么她每月所得应纳所得税（　　）元。（2 分）
    A. 5625   B. 5200   C. 4800   D. 3360

（4）下列关于李轻舟节税措施的说法，正确的是（　　）。（1 分）
    A. 李轻舟应选择作为杂志特约评论员，获得劳务报酬
    B. 李轻舟应选择作为普通的投稿人，获得稿酬收入
    C. 三种选择的税负相同，因此无须采取节税措施
    D. 李轻舟应选择调入杂志社，作为杂志社职工

四、综合案例（30 分）

石磊夫妇家庭案例

石磊夫妇一家请金融理财师王力进行家庭理财规划。

（1）家庭状况

石磊，2015 年 12 月 31 日满 35 岁，某大型国有企业工程师，已在该企业工作满 10 年，太太张柔，32 岁，某外资企业会计师。两人生有一女石静静，8 岁。三人均身体健康，夫妻双方父母都健在。王力经过专业的分析和评估，发现石磊和张柔均具有较强的风险承受能力。

（2）经济和投资环境

①预计长期年通货膨胀率为 3%。

②一年期国债收益率为 2%。

（3）福利状况

石磊、张柔 10 年前开始参加社保，三险一金由单位代扣。其中基本养老保险、基本医疗保险、失业保险和住房公积金个人缴费费率分别为 8%、2%、1% 和 8%。三险一金按月缴费，假设基本养老保险、基本医疗保险和住房公积金每月缴费在当年年底才统一结转进入个人账户（缴费当年不计息），按年复利计算，计息利率为 4%。2015 年当地社会月平均工资为 2000 元，年平均工资为 24000 元，平均工资年增长率为 3%。

石磊所在的单位在 2012 年初为职工建立了养老金计划。该计划规定：

①员工按照个人当年全年薪酬额的 4% 向该计划个人账户供款，公司等额配款，双方供款均在年底一次划转，暂不考虑税收问题。

②个人账户的养老储蓄由公司统一投资运作，年均投资收益率5%，暂不考虑税收问题。

③员工在服务满一年以后的任何时间离开公司，均可以全额携带个人养老储蓄和公司为其提供的配款（包括储蓄本金和投资收益）。

④员工年龄和在本单位服务年限（司龄）相加达到70，即可办理退休。领取方案：领取生存年金，即服务年限满10年者自退休当年起每月月初领取3000元/月的生存年金，工作10年后服务年限每增加1年，则每月领取的生存年金增加100元。若退休后余寿超过10年，则领取至身故；若退休后10年内死亡，则由继承人继续领取，共领满10年为止。

（4）保险状况

没有投保任何商业性保险。

（5）理财目标

①保持目前的消费水平。

②为女儿18岁上大学准备四年的高等教育金，目前大学学费水平为20000元/年，学费年增长率预计为3%。

③石磊和张柔希望退休后能维持当前价格水平下每人每年36000元的生活水准，生活费年增长率3%，预计寿命均为85岁。

1. 根据案例的背景信息，回答下列问题。

家庭资产负债表
2015年12月31日 单位：元

资产	金额	负债	金额
现金等价物	200000	住房按揭贷款	300000
现金等价物	200000	住房按揭贷款	300000
投资性资产	?		
国债	?		
银行理财产品	50000		
股票型基金	30000		
社保人个账户余额	80000	净负债总计	300000
基本养老保险个人账户（丈夫）	20000		
基本养老保险个人账户（妻子）	12000		
住房公积金个人账户（丈夫）	25000		
住房公积金个人账户（妻子）	15000		
基本医疗保险个人账户（丈夫）	6000		
基本医疗保险个人账户（妻子）	2000		
自用性资产	1080000	净资产总计	1220600
房产	960000		
家用电器	20000		
私家车	100000		
资产总计	1520600	负债和净资产总计	1520600

(1) 根据给定表计算得出石磊家持有的投资性资产金额和国债金额分别为_____元和_____元。（　　）（2分）

  A. 240600；80600　　　　　　　　B. 160600；80000

  C. 160600；80600　　　　　　　　D. 120600；80000

(2) 针对石磊家庭的现有情况，王力以下账务诊断意见中，不正确的是（　　）。（2分）

  A. 相对而言，流动性资产过多，根据客户的风险属性，可适当提高股票类投资性资产

  B. 家庭缺乏保险保障，应加强个人风险管理与保险规划

  C. 就其资产水平而言，当前负债比率过高

  D. 缺乏子女教育金规划，应早作安排

2. 根据案例背景信息，结合家庭月现金流量表和工资薪金所得税率表回答下列问题。

家庭月现金流量表
2015 年 12 月 31 日　　　　　　　　　　　　　　单位：元

月收入	金额	月支出	金额
工资（丈夫）	10000	三险一金缴存额	?
工资（妻子）	6000	个人所得税	?
国债利息收入	360	消费支出	8000
其他理财收入	200	按揭月供	?
收入合计	16560	支出合计	13190

工资薪金所得税率表

级数	全月应纳税所得额	税率（%）	速算扣除数
1	全月应纳税所得额不超过 1500 元	3	0
2	全月应纳税所得额超过 1500 元至 4500 元	10	105
3	全月应纳税所得额超过 4500 元至 9000 元	20	555
4	全月应纳税所得额超过 9000 元至 35000 元	25	1005
5	全月应纳税所得额超过 35000 元至 55000 元	30	2755
6	全月应纳税所得额超过 55000 元至 80000 元	35	5505
7	全月应纳税所得额超过 80000 元	45	13505

(1) 请计算石磊和张柔两人 2015 年 12 月三险一金合计缴存额是（　　）元。（答案取最接近值）（2分）

  A. 4560　　　B. 3040　　　C. 2280　　　D. 1140

(2) 请计算张柔 2015 年 12 月应缴纳个人所得税（　　）元。（答案取最接近值）（2分）

A. 40.8　　　　　B. 381　　　　　C. 417　　　　　D. 1360

(3) 请计算石磊 2015 年 12 月应缴纳个人所得税（　　）元。（答案取最接近值）（3 分）

A. 1140　　　　　B. 1072　　　　　C. 517　　　　　D. 365

3. 假设住房按揭贷款的年利率为 6.5%，剩余期限 18 年，以等额本息方式按月平均摊还。

(1) 石磊一家采用每月等额本息偿还月供款，请计算他家每月月供额为（　　）元。（答案取最接近值）（2 分）

A. 3396　　　　　B. 3344　　　　　C. 2813　　　　　D. 2360

(2) 石磊为加快贷款的偿还，希望增加每月等额本息偿还的月供款，并把 10 年后贷款余额控制在 10 万元，如果贷款不变，则每月月供额将增加（　　）元。（答案取最接近值）（2 分）

A. 453　　　　　B. 545　　　　　C. 1422　　　　　D. 1542

4. 教育规划和财富传承规划

(1) 针对石磊家庭现在的情况，下列哪些保险决策适合这一家庭需要（　　）。（2 分）

　　Ⅰ. 为女儿投保子女教育年金保险
　　Ⅱ. 为夫妻投保联合寿险
　　Ⅲ. 为丈夫投保意外伤害险
　　Ⅳ. 投保以女儿为被保险人、保额为 20 万元、夫妻为受益人的定期寿险

A. Ⅰ、Ⅱ　　　B. Ⅱ、Ⅲ　　　C. Ⅰ、Ⅱ、Ⅲ　　　D. Ⅰ、Ⅲ、Ⅳ

(2) 如石磊计划为女儿准备一笔高等教育金，年投资收益率为 6%，现需要一次性投入（　　）万元资金方能满足石静静的高等教育金需要。（暂不考虑其他定期定额的投资）（答案取最接近值）（2 分）

A. 10　　　　　B. 6　　　　　C. 3　　　　　D. 2

(3) 假设石磊突发意外离世并未留下遗嘱，则张柔能获得家庭财产的比例为（　　）。（2 分）

A. 5/8　　　　　B. 1/5　　　　　C. 1/4　　　　　D. 1/2

5. 退休养老规划

(1) 石磊夫妇准备在石磊满 60 岁时一起退休，假设退休后市场年均投资报酬率为 4%，则夫妇二人的养老金需求在石磊 60 岁时的届时值为（　　）万元。（答案取最接近值）（3 分）

A. 394　　　　　B. 336　　　　　C. 263　　　　　D. 122

(2) 根据石磊单位提供的养老金计划的背景信息，可判断该单位的养老金计划属于（　　）。（2 分）

　　A. 待遇确定型计划
　　B. 缴费确定型计划
　　C. 待遇确定及缴费确定的混合型计划
　　D. 待遇不确定及缴费不确定的创新型计划

6. 投资规划

（1）金融理财师王力预期市场利率在中长期还会持续小幅攀升。据王力了解，石磊投资的国债均为面值100元，剩余偿还期为10年，息票率为5%，每年付息一次。则下列方案中可用于应对利率上升风险的是（　　）。（2分）

A. 不作调整，继续持有原有国债

B. 将原有国债置换成一个面值100元、剩余偿还期为8年、息票率为8%、每年付息一次的国债

C. 将原有国债置换成一个面值100元、剩余偿还期为10年、息票率为3%、每年付息一次的国债

D. 将原有国债置换成一个面值100元、剩余偿还期为12年、息票率为5%、每年付息一次的国债

（2）王力在与石磊的交流中谈到了家族信托的内容，下列关于家族信托的说法错误的是（　　）。（2分）

A. 实际操作中家族信托一般都设在境内

B. 家族信托最早可追溯到古罗马帝国时期

C. 家族信托可以根据实际需求灵活地约定各项条款

D. 家族信托是以家庭财富的管理、传承和保护为目的的信托

模拟试卷（三）参考答案及解析

一、单项选择题

1. 【答案】　A

【解析】重大疾病保险，在理赔时一般采取提前给付的方式。即在合同中明确列明属于保险责任范围的重大疾病的名称，一旦被保险人确诊罹患保险合同约定的某种疾病，保险公司即予以保险赔付。

2. 【答案】　D

【解析】最后生存者年金是指以两个或两个以上被保险人中至少还有一人生存为年金给付条件的年金保险。这种年金的给付将持续到最后一个被保险人死亡为止，且给付金额保持不变。

3. 【答案】　C

【解析】A项，两全寿险又被称为生死合险，是指无论被保险人在保险期间死亡或在保险期届满时仍然生存，保险人均给付保险金的人寿保险；B项，万能寿险是一种产品运作机制完全透明、可灵活交纳保费、可随时调整保险保障水平，且将保障和投资功能融为一体的保险产品；D项，终身寿险不具有固定的保险期限，它是为被保险人提供终身保障的保险产品，在保险合同中规定，无论被保险人何时死亡，保险人都要给付保险金。

4. 【答案】　A

【解析】A项，保险公司提供的个人医疗费用保险属于商业保险，而不是社会保险。

5. 【答案】　B

【解析】根据经验法则，资产负债率超过50%，对普通家庭而言就属于偏高了。

6. 【答案】 D

【解析】融资比率指标（投资性负债/投资性资产）体现了客户家庭的理财积极程度。

7. 【答案】 D

【解析】普通家庭的债务包括了消费性负债、投资性负债和自用性负债三种类型。

8. 【答案】 C

【解析】在借贷金额方面，家庭债务管理力主"量力而行"，"量力而行"的核心就是对未来的还贷能力以及借贷活动对家庭财务的影响的评估。

9. 【答案】 A

【解析】B项，普通终身寿险提供的是一种永久性保障，由于死亡成本被分摊在整个保险期间，所以每年所支付的保费相对较低；C项，普通寿险的现金价值通常是稳定增长的；D项，在保单所有人100岁时，普通终身寿险的现金价值与保额相等，由于要支付较高的展业成本，保单初期的现金价值通常很低。

10. 【答案】 B

【解析】在新婚期阶段，首先应防范的风险是收入中断，例如，因意外残疾而收入减少、因疾病而收入减少等。其次，可以考虑财产损失的风险。

11. 【答案】 D

【解析】定期寿险是指以死亡为给付保险金条件，且保险期限为固定年限的人寿保险。由于定期寿险提供的仅是固定期限内单纯的风险保障，因此在保险金额相同的情况下，相比其他寿险产品，定期寿险的保费相对较低。特别适合缴费能力不高，而又有较高保险保障需求的人士购买。如一些初入社会的职场新人就会选择购买定期寿险作为自己人生的第一份商业保险。

12. 【答案】 C

【解析】5年后韩梅梅筹备的学费 $=5\times[(1+6\%)+(1+6\%)^2+\cdots+(1+6\%)^5]=29.88$（万元），$30-29.88=0.12$（万元），因此，韩梅梅需要额外支付1200元以满足其子的学费所需。

13. 【答案】 C

【解析】由于年金终值系数（F/A，6%，10）$=13.18$，故计算可得$13.18\times4=52.72$（万元），即10年后总投资累计为52.72万元，差额$=52.72-50=2.72$（万元）。

14. 【答案】 C

【解析】教育储蓄规模很小，存款本金最高为两万元。

15. 【答案】 C

【解析】由于基本养老保险缴费基数最高为统筹地职工上年度月平均工资的300%，最低为本市职工上年度月平均工资的60%，所以张先生的缴费基数为10000元，王太太的缴费基数$=4000\times60\%=2400$（元）。则张先生月缴养老金$=$养老保险缴费基数$\times$个人缴费费率$=10000\times8\%=800$（元）；王太太月缴养老金$=$养老保险缴费基数$\times$个人缴费费率$=2400\times8\%=192$（元）。

16. 【答案】 A

【解析】A 项，根据《企业年金试行办法》，职工未达到国家规定的退休年龄的，不得从个人账户中提前提取资金。

17.【答案】　C

【解析】个人账户养老金月标准为个人账户储存额除以计发月数，计发月数根据职工退休时城镇人口平均预期寿命、本人退休年龄、利息等因素确定。

18.【答案】　D

【解析】AB 两项，系统性风险是由那些影响整个投资市场的风险因素所引起的。这类风险影响所有投资资产变量的可能值，因此不能通过分散投资相互抵消或者削弱，因此又称为不可分散风险。C 项，N 个证券组合的风险的计算公式为：$\sigma_P^2 = \sum_{i=1}^{n}\sum_{j=1}^{n} X_i X_j \sigma_{ij} = \sum_{i=1}^{n}\sum_{j=1}^{n} X_i X_j COV(R_i, R_j) = \sum_{i=1}^{n}\sum_{j=1}^{n} X_i X_j \sigma_i \sigma_j \rho_{ij}$，公式中：$\sigma_P^2$ 为资产组合 P 的方差；ρ_{ij} 表示相关系数。可见，风险与资产间的相关性有关，并非越多越好。

19.【答案】　B

【解析】$S_P = (0.15 - 0.03)/1 = 0.12$，$S_M = (0.11 - 0.03)/1 = 0.08$，所以该证券组合的绩效好于市场组合。

20.【答案】　C

【解析】根据公式，可得：$S_P = \dfrac{20\% - 8\%}{\sqrt{9\%}} = 0.4$。

21.【答案】　C

【解析】根据特雷诺指标公式，有：$5\% = (15\% - r_f)/1.35$，解得：$r_f = 8.25\%$。

22.【答案】　D

【解析】詹森指数是指在给出投资组合的贝塔及市场平均收益率的条件下，投资组合收益率超过 CAPM 预测收益率的部分。如果投资组合位于证券市场线的上方，则 α 值大于零，说明投资组合收益率高于市场平均水平，可以认为其绩效很好；如果投资组合位于证券市场线的下方，则 α 值小于零，表明该组合的绩效不好。

23.【答案】　D

【解析】夏普比率等于投资组合在选择期间内的平均超额收益率与这期间收益率的标准差的比值。它衡量了投资组合的每单位波动性所获得回报。当投资人当前的投资组合为唯一投资时，用标准差作为投资组合的风险指标是合适的。

24.【答案】　C

【解析】该债券的理论价格 $= 5/(1+6\%) + 5/(1+6\%)^2 + 5/(1+6\%)^3 + 5/(1+6\%)^4 + 5/(1+6\%)^5 + 100/(1+6\%)^5 = 95.79 > 93$ 元，所以该债券目前的交易价格偏低。

25.【答案】　A

【解析】现在默认题中债券为半年计复利（常用复利及支付周期，因题中年限以半年为基本单位）。设到期年收益为 r，各期利息收入 $CP = 0$，则：$CP \cdot \sum_{i=1}^{7} 1/(1+r/2)^i + 100/(1+r/2)^7 = 86$ 简化得 $100/86 = (1+r/2)^7$，解得 $r = 4.356\%$。

26. 【答案】 B

【解析】企业所得税法规定，纳税人发生年度亏损的，可以用下一纳税年度的所得弥补；下一纳税年度的所得不足弥补的，可以逐年延续弥补，但是延续弥补期最长不得超过5年。

27. 【答案】 C

【解析】据财税［2008］24号文，自2008年3月1日起，对个人出租住房，按4%的税率征收房产税。则陈立应缴纳房产税=24000×4%=960（元）。

28. 【答案】 C

【解析】印花税为比例税率，适用0.001税率的为"财产租赁合同"、"仓储保管合同"、"财产保险合同"、"股权转让书据"，故应缴纳的印花税税额=128000×1‰=128（元）。

29. 【答案】 A

【解析】城建税纳税人所在地不在市区、县城或者镇的，税率为1%。因此，该企业当月应纳城市维护建设税=（60000+20000）×1%=800（元）。

30. 【答案】 C

【解析】法定继承人的继承顺序具有以下特征：①法定性；②强行性；③排他性；④限定性。其中，排他性是指继承人只能依法定的顺序依次参加继承，前一顺序的继承人总是排斥后一顺序继承人继承。

31. 【答案】 A

【解析】财产是指拥有的金钱、物资、房屋、土地等物质财富：国家财产、私人财产，具有金钱价值、并受到法律保护的权利的总称。大体上，财产有三种，即动产、不动产和知识财产（即知识产权）。

32. 【答案】 A

【解析】积极遗产指死者生前个人享有的财物和可以继承的其他合法权益，如债权和著作权中的财产权益等；消极遗产指死者生前所欠的个人债务。

33. 【答案】 C

【解析】依我国《继承法》第十七条的规定，遗嘱的法定方式有：公证遗嘱、自书遗嘱、代书遗嘱、录音遗嘱、口头遗嘱。

34. 【答案】 A

【解析】当被继承人生前未立遗嘱处分其财产或遗嘱无效时，应按法定继承的规定继承。根据我国《继承法》第十三条规定，法定继承人分割遗产，应当先将夫妻共同所有的财产的一半分出为配偶所有，其余的作为被继承人的遗产。因此，题目中张三的妻子可以分到房屋8/2+（8/2）÷4=5（间）。

35. 【答案】 B

【解析】很多中小企业都面临资金紧缺的问题，较少存有闲置的资金，即使有闲置资金投资理财，其对流动性的要求也为第一位，所以企业闲置资金理财主要投资于高流动性的产品。

36. 【答案】 B

【解析】A项，销售净利润率=净利润/销售收入净额；C项，实收资本利润率：净利润

/实收资本；D项，基本获利率＝息税前利润/总资产平均余额。

37.【答案】　D

【解析】D项，许多高端客户，尤其私营企业主在财富积累到一定程度之后，更加关注生活品质的享受，以求尽快步入"贵族阶层"而非"有钱阶层"。而银行能为客户提供的讯息或服务可谓方方面面，当下以留学、移民、旅游、艺术品收藏、养生、风水国学讲座、奢侈品鉴赏、家族信托、全球资产配置等最为热门。

38.【答案】　A

【解析】在理财规划实际工作中，资产配置主要包括以下几个步骤：①选择风险资产类别；②根据所选择的资产类别的长期预期报酬率、标准差和相互之间的相关系数，在有效前沿上找到最优风险资产组合及其预期收益率和标准差；③选择无风险资产及其无风险利率，结合客户的风险系数，在资本市场线上找到无风险资产和最优风险资产组合的比例，即最优投资组合；④对应客户现阶段的预期报酬率，和最优资产组合进行比较，并确定相应的资产配置比例及其标准差。

39.【答案】　D

【解析】投资规划是基于对客户家庭财务状况分析和对未来的理财目标设定，对客户现在的和未来的资源进行配置和具体管理的结果。投资规划方案主要包括了设定预期报酬率、资产配置、产品配置三个主要环节。

40.【答案】　C

【解析】"现阶段"主要是指未来一年，在理财规划服务中，通常是以理财规划正式实施的时点作为"规划元年"的开始。现阶段的各项支出预算就是指在理财规划正式实施后一年内的主要支出预算。

二、多项选择题

1.【答案】　ABDE

【解析】选择房贷时，首先应考虑住房公积金贷款。公积金贷款的优势包括：①利率较低，且贷款额度通常也能够满足多数借款人的贷款需求；②不受二套房贷的限制，无普通住宅与非普通住宅之分；③还款方式灵活等。

2.【答案】　ABCE

【解析】家庭债务管理包括借贷活动的决策、债务的量化管理这两个方面的内容。E项属于债务量化管理的内容。

3.【答案】　BCD

【解析】家庭财产保险种类繁多，但本质上都是普通家庭财产保险与其他功能组成的复合险种。因此在进行家庭财产保险规划时需要重点考虑普通家庭财产保险的规划，以还原保险的本质功能，包括：①合理确定保险金额；②避免为财产重复投保；③根据不同角色选购保险产品。

4.【答案】　ACDE

【解析】一般来说，会有多种因素影响车险保费的浮动系数，主要包括折扣系数、平均行驶里程系数、客户忠诚度系数、多险种投保优惠系数等。

5. 【答案】 ABCD

【解析】目前我国开办的家庭财产保险包括普通家庭财产保险、家庭财产两全险、投资保障型家庭财产保险和个人贷款抵押房屋保险。

6. 【答案】 ADE

【解析】越来越多的家庭选择让孩子出国留学，主要原因有以下几点：①学习西方先进的科学知识和方法；②增加人生阅历；③多元化的学校与专业选择机会；④移民与海外发展的机会。

7. 【答案】 CDE

【解析】AB两项属于其他类型的单位福利。

8. 【答案】 ACE

【解析】A项，企业职工基本养老保险制度的资金筹集来源主要包含五个方面：企业缴费、个人薪酬扣除、财政支付、基金运营收入和其他补贴；C项，企业缴费比例部分每个省、市、自治区之间不尽相同，一般在20%左右；E项，员工个人缴费基数最高为统筹地职工上年度月平均工资的300%，最低为统筹地职工上年度月平均工资的60%。

9. 【答案】 ABCD

【解析】E项，股东权益收益率=税后净收益÷股东权益×100%。

10. 【答案】 ABC

【解析】除ABC三项外，常用的偿债能力分析指标还包括：①速动比率；②现金比率。DE两项属于常用的资本结构分析指标。

11. 【答案】 CDE

【解析】按照对企业购进固定资产所含增值税税款能否扣除以及如何扣除的方法划分，可将增值税划分为：生产型增值税、收入型增值税、消费型增值税。

12. 【答案】 ACE

【解析】城市维护建设税的税率按纳税人所在地分别规定不同的税率：①纳税人所在地为市区的：7%；②纳税人所在地为县城、镇的：5%；③纳税人所在地不在市区、县城或者镇的：1%。

13. 【答案】 BCDE

【解析】英国现行的信托业务可分为一般信托业务和投资信托业务。一般信托业务根据对象可划分为家族信托和法人信托。其中，家族信托业务的主要种类有：①财产管理；②执行遗嘱；③管理遗产；④财务咨询。

14. 【答案】 BE

【解析】《继承法》第十四条规定："对继承人以外的依靠被继承人扶养的缺乏劳动能力又没有生活来源的人，或者继承人以外的对被继承人扶养较多的人，可以分给他们适当的遗产。"这一类人又称为继承人以外的遗产取得人，可分得遗产的人。可分得遗产的人是得参加继承的继承人以外的不得参加继承的人，一般是非法定继承人。ACD三项属于法定继承人。

15. 【答案】 CDE

【解析】股东对企业经营管理的风险分析主要包括：①遗属的继承人无法保证企业继续

经营；②所有权变现的可能性差；③企业可能出现业务发展危机和法律纠纷。AB 两项属于企业关键人物对企业经营管理的风险分析。

16.【答案】 DE

【解析】资产运营能力主要包括应收账款周转率和存货周转率两大类财务指标。ABC 三项属于偿债能力分析指标。

17.【答案】 ACE

【解析】企业拿出一定比例的费用用于奖励忠诚顾客和改善与客户的关系，这些营销费用主要用于三个方面：①财务层面，如奖励客户购买计划，类似于会员积分制，譬如航空公司、银行的贵宾卡客户享受到的积分、返现和其他特殊礼遇；②社交层面，如组织一些客户社交、业余兴趣（高尔夫、养生）类活动等；③其他层面的、可以增加银行或其他金融机构和理财师服务附加价值的活动或安排，譬如成立客户俱乐部（海尔俱乐部）、长期提供相关资讯的专门刊物等，影响客户的生活习惯和长期依赖关系。

18.【答案】 CDE

【解析】风险管理效益的大小，取决于是否能以最小成本取得最大安全保障，同时在实务中还要考虑风险管理和整体目标是否一致，是否具有可行性，即可操作性和有效性。

19.【答案】 DE

【解析】家庭财务保障涉及的指标包括：收入结构分析，理财支出比率等。ABC 三项属于信用和债务管理指标。

20.【答案】 ABE

【解析】在向客户提供了保险建议后，理财师当为客户进行风险管理效果评估。这个部分的内容包括三个方面：风险覆盖评估、可行性评估、整体性评估。

三、单项规划

1.（1）【答案】 D

【解析】年金保险是指以生存为给付保险金条件，按约定分期给付生存保险金，且分期给付生存保险金的间隔不超过一年（含一年）的人寿保险。年金保险多数为养老金保险。题中，为解决年老退休后的生活费用问题，张亮可投保延期终身年金保险，在缴纳保费一定期限后，保险人按照合同约定在张亮生存期间向其支付年金，直至死亡。

（2）【答案】 C

【解析】在房产投资方面，除了传统的"购房养老"、"租房养老"之外，如果个人或夫妇双方有条件或有意愿，可以"反向按揭"住房，将房屋权益转变为收入流——把已经付清贷款的房子抵押给保险公司、银行等金融机构，金融机构通过数据统计和精算，每个月给房主一部分资金用于养老。这种反按揭的方式类似于终身年金。题中，张亮没有子女，为避免其身故后房产无人继承，可采用反向按揭的方式利用房屋来养老。

（3）【答案】 B

【解析】家庭财产保险中，保险公司有以下不保风险：①战争、军事行动或暴力行为、政治恐怖活动；②核污染；③被保险人的故意行为；④各种间接损失；⑤因保险标的本身缺陷、保管不善而致的损失，以及变质、霉烂、受潮及自然磨损等。

(4)【答案】　A

【解析】定期寿险是指被保险人生存至保险期满，保险人履行赔偿给付义务。题中张亮在48岁死亡，未达到定期寿险生效时间58岁，所以此部分保险公司不赔偿。重大疾病保险是保障被保险人因患重大疾病所导致的住院医疗费用以及被保险人死亡时赔付。题目中张亮48岁患癌症死亡可以得到这部分赔偿。所以张亮可以获得的赔偿金额为30万元。

2. (1)【答案】　D

【解析】八年后的教育费用约为：$30×(1+8\%)^8=55.53$（万元）；八年后李海浪的资产为：$20×(1+4\%)^8+2×(F/A, 4\%, 8)=45.80$（万元）；资金缺口为：$55.53-45.80=9.73$（万元）。

(2)【答案】　B

【解析】A项，资金缺口为：$55.53-[20×(1+4\%)^8+3×(F/A, 4\%, 8)]=55.53-55.01=0.52$（万元）；B项，资金缺口为：$55.53-[28×(1+4\%)^8+2×(F/A, 4\%, 8)]=55.53-56.75=-1.22$（万元）；C项，资金缺口为：$55.53-[20×(1+5\%)^8+2×(F/A, 5\%, 8)]=55.53-48.65=6.88$（万元）；D项，资金缺口为：$55.53-[20×(1+4\%)^8+2×(F/A, 4\%, 8)×(1+4\%)]=55.53-46.54=8.99$（万元）。由此可知，只有B选项中的措施能弥补李海浪的教育资金缺口。

(3)【答案】　D

【解析】如果离子女上大学或大笔动用教育资金的时间较短，一般建议客户降低中、高风险类基金，多持有债券型或货币型基金。

3. (1)【答案】　D

【解析】该笔支出的现值 $=100000×(1+3\%)/(1+3\%)=100000$（元）。

(2)【答案】　A

【解析】预计生活至85岁，则应准备退休后30年的养老金，为 $100000×30=3000000$（元）。

(3)【答案】　C

【解析】10万元储蓄到退休时终值 $=100000×(1+8\%)^{20}=466095.71$（元）。

(4)【答案】　A

【解析】退休金缺口 $=3000000-466095.71=2533904.29$（元）。

(5)【答案】　A

【解析】每年投资年金 $=2533904.29/(F/A, 8\%, 20)=55371.41$（元）。

4. (1)【答案】　C

【解析】设该投资组合实际的平均年收益率为 r，有 $(1+r)^5=(1+12\%)×(1+13\%)×(1-15\%)×(1+7\%)×(1+18\%)$，解得 $r≈6.3\%$，r 小于投资组合目标收益率 7%，所以这五年不能够实现预期目标。

(2)【答案】　B

【解析】定期定额投资每期用固定金额购买资产，当市场行情下跌时，买入资产的数量就会多；而当市场行情上涨时，买入资产的数量就会少。相比于每期购买固定数量资产

（定期定量）的投资方式来说，定期定额投资能够根据市场行情自动调节所购买的资产数量，其最大的好处是在波动市场中可以平摊成本。

（3）【答案】 B

【解析】债券 A 的税后收益率 = 9.5% × （1 - 20%）= 7.6%；债券 A 的 10 年总收益率 = $(1 + 7.6\%)^{10} \approx 2.0803$；债券 B 的 10 年总收益率 = $(1 + 7.5\%)^{10} \approx 2.061$；差额 = 2.0803 - 2.061 = 1.93%。

5. （1）【答案】 A

【解析】调入杂志社，作为杂志社员工，收入性质属于工资、薪金所得，其应纳个人所得税 =（30000 - 3500）× 25% - 1005 = 5620（元）。

（2）【答案】 B

【解析】对劳务报酬所得一次性收入畸高的，除按 20% 征税外，应纳税所得额超过 2 万元至 5 万元的部分，依照税法规定计算应纳税额后再按照应纳税额加征五成，即实际税率为 30%，速算扣除数为 2000 元。故应纳个人所得税 = 30000 ×（1 - 20%）× 30% - 2000 = 5200（元）。

（3）【答案】 D

【解析】个人的稿酬所得按次计算，对每次收入不超过 4000 元的，减除费用 800 元；4000 元以上的，减除 20% 的费用，其余额为应纳税所得额，适用 20% 的比例税率，并按应纳税额减征 30%。因此，金女士应纳个人所得税 = 30000 ×（1 - 20%）× 20% ×（1 - 30%）= 3360（元）。

（4）【答案】 B

【解析】根据前面三题的计算结果可知，金女士的所得若按稿酬所得形式支付，其税负最轻，劳务报酬其次，工资、薪金税负最重。因此，为了实现减轻税负的目的，金女士应该考虑作为普通的投稿人，获得稿酬收入。

四、综合案例

1. （1）【答案】 C

【解析】投资性资产金额 = 资产总计 - 现金等价物 - 社保个人账户余额 - 自用性资产 = 1520600 - 200000 - 80000 - 1080000 = 160600（元）。国债金额 = 投资性资产金额 - 银行理财产品 - 股票型基金 = 160600 - 50000 - 30000 = 80600（元）。

（2）【答案】 C

【解析】根据经验法则，负债比率超过 50%，对普通家庭而言就属于偏高了。石磊家庭的负债比率 = 总负债 ÷ 总资产 = 300000 ÷ 1520600 ≈ 19.73% < 50%，所以石磊家庭的负债比率不偏高。

2. （1）【答案】 B

【解析】两人三险一金合计缴存额 =（10000 + 6000）×（8% + 2% + 1% + 8%）= 3040（元）。

（2）【答案】 A

【解析】个人所得应纳税额 =（工资薪金所得 - "三险一金" - 免征额）× 适用税

率－速算扣除数。张柔2015年12月应缴纳个人所得税＝（6000－6000×19％－3500）×3％－0＝40.8（元）。

（3）【答案】 D

【解析】石磊2015年12月应缴纳个人所得税＝（10000－10000×19％－3500）×20％－555＝365（元）。

3. （1）【答案】 D

【解析】使用财务计算器计算的每月还款额为：$n=18×12$，$i=6.5\%/12$，$PV=300000$，$FV=0$，$PMT=2359.68$。所以，石磊一家每月月供额约为2360元。

（2）【答案】 A

【解析】筹划后，$n=10×12$，$i=6.5\%/12$，$PV=300000$，$FV=100000$，$PMT=2813$，因此，每月月供额将增加$2813-2360=453$（元）。

4. （1）【答案】 C

【解析】选项Ⅳ应以夫妻为被保险人，女儿为受益人。

（2）【答案】 B

【解析】石静静10年后上大学时的大学学费$FV=20000×(1+3\%)^{10}≈20000×1.344=26880$（元/年）。由于大学四年期间，学费每年的增长率为3％，年投资收益率为6％，所以大学期间所需学费折算到上大学第一年，共需资金＝$26880×[1+(1.03÷1.06)+(1.03÷1.06)^2+(1.03÷1.06)^3]≈103041$（元）。因此现需一次性投入的金额＝$103041÷(1+6\%)^{10}≈103041÷1.791≈57532.66$（元）≈6（万元）。

（3）【答案】 A

【解析】由于石磊未留下遗嘱，故其遗产按照法定继承方式分配，首先将夫妻共同所有的财产的一半分出为配偶所有，其余的作为石磊的遗产。其次，同一顺序继承人继承遗产的份额，一般应当均等，所以石磊的遗产在张柔、石磊父亲、石磊母亲和石静静之间平等分配。因此，张柔获得家庭财产比例＝$0.5+0.5÷4=5/8$。

5. （1）【答案】 B

【解析】石磊夫妇还有25年退休，退休后预计存活25年，退休后第一年生活费$FV=36000×2×(1+3\%)25≈150752$（元），此后25年生活费以3％的速度增长，则60岁时养老金需求＝$150752×[1+(1.03÷1.04)+…+(1.03÷1.04)^{24}]≈3364367$（元）≈336（万元）。

（2）【答案】 C

【解析】待遇确定型计划是指由雇主主要负责缴费并全权负责在资本市场的投资增值，而且不论投资盈亏，雇主都要按事先确定好的固定数额来支付给雇员退休金的养老金计划。缴费确定型计划是一种完全积累类型的退休金计划，由雇主和雇员共同缴费，雇员退休时领取到的养老金完全取决于其个人账户内的缴费及其投资收益。题目中石磊的养老金计划包括基本养老保险与企业年金，其中基本养老保险属于待遇确定型给付，企业年金属于缴费确定型给付。

6. （1）【答案】 D

【解析】期限越长、息票率越高，久期越短，对利率变动越不敏感，在利率上升时，债券价格下跌得少。

（2）【答案】 A

【解析】A项，境内和境外都能够作为信托设立地，由于我国目前家族信托财产登记制度的原因使得能接受的信托财产类别很少，所以，一般实操过程中都将家族信托设立在境外，尤其是全球著名的避税圣地，如英属维尔京群岛、开曼群岛等地。